新能源汽车
电控、电机与电池系统
结构与故障诊断

杨胜兵　刘星彤　杨程万里　　　等 编著

化学工业出版社

·北京·

内容简介

本书是作者多年从事新能源汽车电控研发、主机厂与零部件厂等生产一线教学、后市场一线维修"三电"实践经验的总结，对新能源汽车电控技术电子化、网络化、电动化、智能化等的快速迭代，新能源汽车电控系统产品研发在后市场大量案例中的典型问题等方面进行了全面系统的展示。

全书共分为9章，逐一对新能源汽车高压安全规范、电子技术基础、高压电气系统、控制器、电机及电机控制器、动力电池及电池管理系统、电动空调及控制器、充电系统、ADAS系统传感器等进行讲解。

本书可供具有一定汽车行业背景、从事新能源汽车，特别是电控系统相关工作的人群阅读使用，也可供汽车专业的入门者以及高等院校新能源汽车专业学生学习使用。

图书在版编目（CIP）数据

新能源汽车电控、电机与电池系统结构与故障诊断/杨胜兵等编著. —北京：化学工业出版社，2024.4（2025.1重印）
ISBN 978-7-122-44935-1

Ⅰ.①新… Ⅱ.①杨… Ⅲ.①新能源-汽车-电子系统-控制系统②新能源-汽车-驱动机构-控制系统③新能源-汽车-蓄电池-控制系统 Ⅳ.①U463.6②U469.7

中国国家版本馆CIP数据核字（2024）第034317号

责任编辑：张海丽 文字编辑：王 硕
责任校对：边 涛 装帧设计：刘丽华

出版发行：化学工业出版社（北京市东城区青年湖南街13号 邮政编码100011）
印　　装：天津裕同印刷有限公司
710mm×1000mm 1/16 印张12¹⁄₂ 字数228千字 2025年1月北京第1版第2次印刷

购书咨询：010-64518888　　　　　　　售后服务：010-64518899
网　　址：http://www.cip.com.cn
凡购买本书，如有缺损质量问题，本社销售中心负责调换。

定　　价：88.00元　　　　　　　　　　　　　版权所有　违者必究

前言

随着汽车新"四化",即电动化、智能化、网联化和共享化的发展,新能源汽车电控系统的质量已成为衡量整车性能,特别是新能源汽车"三电"(即电池、电机、电控系统)性能的重要指标,直接体现了整车的水平与价值,以及在此之上的智能化、网联化的重要性。随着高科技的日益发展,尤其是人工智能技术、大数据的大规模应用,这些系统都将变得网络化、模型化,因此新能源汽车"三电"的底层技术数据采集以及大量应用场景下功能的可靠、性能的优越等越来越重要。基础不牢,地动山摇,没有坚实的新能源汽车"三电"做支撑,智能化、网联化将是空中楼阁。新能源汽车没有网络安全,也不足以成为合格汽车,整个设计安全体系都在快速落地以适应技术、产业的健康高速发展,所以新能源汽车"三电"的从业人员需要不断学习进化,掌握扎实的理论知识,练就过硬的维修技能,为汽车产业的快速发展贡献自己的一份光与热。

新能源汽车"三电"的安全规范、系统电气架构的理解和系统的逻辑分析诊断能力的培养与实战等方面存在的障碍,不同技术年代的新能源汽车"三电"共存,以及集成化、轻量化、网络化等特点并存,给新能源汽车"三电"的后市场服务带来了极大的难度,需要对主机厂、关键部件供应链、后市场综合服务网络、模式经营、人才培养等进行全方位重构,才能够让新能源汽车后市场服务适应新能源汽车前市场的发展,支撑新能源汽车产业的全球化发展新格局。

本书全面系统地讲解了新能源汽车的"三电"安全、整车电气架构、各关键总成原理与典型维修案例,全书共分为9章。第1章介绍了新能源汽车高压安全规范,第2章介绍了新能源汽车整车电子技术基础,第3章介绍了新能源汽车整车高压电气系统,第4章介绍了新能源汽车整车控制器,第5章介绍了新能源汽车电机及电机控制器,第6章

介绍了新能源汽车动力电池及电池管理系统（BMS），第 7 章介绍了新能源汽车电动空调及控制器，第 8 章介绍了新能源汽车充电系统，第 9 章介绍了新能源汽车 ADAS 系统传感器。

本书由杨胜兵、刘星彤、杨程万里、杨程锦绣共同编著。

由于编著者水平有限，书中难免有不足之处，敬请读者朋友们批评指正。

编著者

目录

01 第1章
新能源汽车高压安全规范

1.1 新能源汽车控制结构 …………………………………………… 001
1.2 新能源汽车高压安全常见场景 ………………………………… 003
1.3 新能源汽车高压安全操作规范 ………………………………… 004
1.4 新能源汽车高压安全检测 ……………………………………… 013

02 第2章
新能源汽车电子技术基础

2.1 电源分类及结构 ………………………………………………… 015
2.2 元件及连接方式 ………………………………………………… 019
2.3 二极管、三极管和 MOSFET …………………………………… 025
2.4 新能源汽车常用隔离方式 ……………………………………… 029
2.5 与或非门、触发器 ……………………………………………… 032
2.6 运算放大器和比较器 …………………………………………… 033
2.7 单片机 CPU ……………………………………………………… 034

03 第3章
新能源汽车高压电气系统

3.1 车载 DC／DC 模块分析 ………………………………………… 037

3.2 车载充电机模块分析 ·· 042
3.3 高压配电盒模块分析 ·· 047
3.4 绝缘电阻测试 ·· 050

04 第4章
新能源汽车控制器

4.1 新能源汽车控制结构 ·· 053
4.2 新能源汽车控制器钥匙启动过程故障判断 ································ 056
4.3 新能源汽车控制器 CAN 总线基础 ·· 057
4.4 新能源汽车 TBOX 基础 ··· 060
4.5 新能源汽车控制器基本功能及相关图示 ···································· 064
4.6 新能源汽车常见故障指示灯 ··· 068
4.7 新能源汽车诊断仪 ··· 071

05 第5章
新能源汽车电机及电机控制器

5.1 新能源汽车电机基本分类及特点 ·· 075
5.2 新能源汽车电机外特性、效率曲线 ··· 082
5.3 新能源汽车电机控制器组成部分 ·· 083
5.4 新能源汽车电机角度位置传感器 ·· 094
5.5 新能源汽车电机控制器电源电路检测与维修案例 ····················· 096
5.6 新能源汽车电机控制器驱动板检测与维修案例 ························· 099
5.7 新能源汽车电机控制器 IGBT 检测与维修案例 ························· 099

06 第6章
新能源汽车动力电池及电池管理系统

6.1 新能源汽车动力电池基本概念 …………………………………………… 103
6.2 新能源汽车动力电池种类 ………………………………………………… 106
6.3 新能源汽车动力电池包组成及常见形式 ………………………………… 110
6.4 电池管理系统主要功能 …………………………………………………… 114
6.5 电池管理系统原理图案例及功能分析 …………………………………… 122
6.6 电池管理系统电芯内阻测试 ……………………………………………… 126
6.7 动力电池绝缘电阻测试 …………………………………………………… 127
6.8 动力电池电芯均衡 ………………………………………………………… 129
6.9 动力电池压差故障的成因 ………………………………………………… 134
6.10 动力电池电芯激光焊接 …………………………………………………… 142

07 第7章
新能源汽车电动空调及控制器

7.1 新能源汽车电动空调系统基本组成部分 ………………………………… 143
7.2 新能源汽车电动空调控制器举例及功能分析 …………………………… 147
7.3 新能源汽车电动空调控制器检测及常见故障分析与修复 ……………… 160

08 第8章
新能源汽车充电系统

8.1 新能源汽车慢充标准及接口 ……………………………………………… 163

8.2 新能源汽车慢充故障及诊断案例分析 …………………………………… 166
8.3 新能源汽车快充标准及接口 …………………………………………… 170
8.4 新能源汽车快充故障及诊断案例分析 …………………………………… 172

09 第9章
新能源汽车 ADAS 系统传感器

9.1 视觉传感器基本概念、分类与结构原理 ………………………………… 175
9.2 视觉传感器安装与标定 ………………………………………………… 181
9.3 毫米波雷达基本概念与结构原理 ………………………………………… 183
9.4 毫米波雷达安装与测试 ………………………………………………… 188
9.5 新能源汽车 ADAS 系统标定设备简介 …………………………………… 190

参考文献　　　　　　　　　　　　　　　192

第 1 章

新能源汽车高压安全规范

1.1 新能源汽车控制结构

图 1-1 为某款纯电动乘用车高压电气整车布局示意图，主要包括：空调压缩机、驱动电机、电机控制器、动力电池、车载充电机、电加热器、直流高压充电

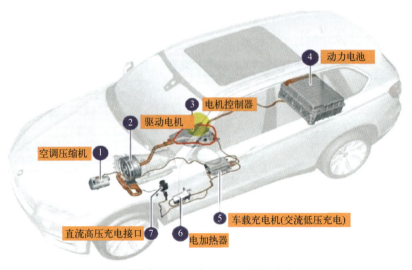

图 1-1　某款纯电动乘用车高压电气整车布局示意图

接口等。该车可以进行快速充电、慢速充电等。

图 1-2 为某款纯电动乘用车高压电气系统布局示意图，包括：高压蓄电池充电器 AX4、后驱动装置 VX90、前驱动装置 VX89、加热/空调器、高压蓄电池 AX2、电动空调压缩机 V470、低温散热器和冷凝器、高压加热器（PTC）Z115、高压蓄电池热交换器等。该车是前后驱动的，动力电池在地板布置。

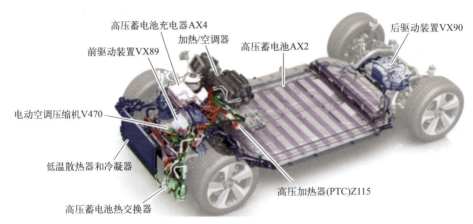

图 1-2　某款纯电动乘用车高压电气系统布局示意图

图 1-3 和图 1-4 为两款纯电动乘用车前舱高压电气布局示意图，主要有：多合一控制器、高压配电盒等。不同车型前舱根据其设计思想，在布局上有一定差异，但总体而言，高压电气总成还是有的，有三合一、四合一、八合一等总成之分。有的空调系统采用双制式的，有些车辆取消慢充接口（取消车载充电机），有些在做 800V 高压充电等（结构有一定的差别），有些是混合动力汽车，有些是燃料电池汽车等，后文会有相关介绍。

图 1-3　纯电动乘用车前舱高压电气布局示意图 1

图 1-4　纯电动乘用车前舱高压电气布局示意图 2

图 1-5 为某款纯电动乘用车前舱主要高压电气布局示意图，包括：电机控制器电缆、电机控制器、高压控制盒、快充线束、高压电缆、高压附件电缆、慢充

线束、车载充电机、DC/DC变换器等。

图 1-5　某款纯电动乘用车前舱高压电气布局示意图 3

图 1-6 为某款纯电动乘用车动力电池爆炸图（也称立体装配图），可采用的电池种类有 4680 电池、刀片电池、麒麟电池、固态电池等，每种都有一定的特点，后面有具体介绍。

图 1-6　某款纯电动乘用车动力电池爆炸图

1.2　新能源汽车高压安全常见场景

常见场景包括：新能源汽车事故现场、新能源事故车拖车施救（图 1-7）、新能源汽车涉水（图 1-8）、新能源汽车高温暴晒充电、新能源事故车维修现场、新能源事故车带电池举升维修现场、新能源汽车动力电池漏电故障、新能源汽车动力电池绝缘故障、新能源汽车高压电器故障、新能源汽车动力电池维修现场（图1-9）、新能源汽车动力电池维保仓储现场、新能源汽车高压电器拆解现场等等。新能源汽车常见场景一定要有一定的现场操作规程、规章制度、注意事项、设备操作规程、检测流程、安全标识等，切记安全至上。

图1-7　新能源事故车拖车施救现场

图1-8　某款纯电动乘用车涉水现场

图1-9　某款纯电动乘用车动力电池维修现场

1.3　新能源汽车高压安全操作规范

（1）新能源维修工具存放及使用注意事项
① 安全用具应存放在干燥、通风的场所。
② 工具自检，如通过万用表短路、断路以及电压的测量，来检测万用表好坏。
③ 检查外观：应清洁、无油垢、无灰尘。
④ 绝缘表面无裂纹、断裂、毛刺、划痕、孔洞及明显的变形等。
⑤ 使用前应检查其是否在合格有效期内。
⑥ 绝缘杆应悬挂在支架上，不应与地面接触。

⑦ 所有安全工具不许替代其他工具使用。

⑧ 使用安全工具时，应进行详细检查，检查其是否合格、是否在有效期内、是否符合相关使用要求。

⑨ 绝缘手套应存放在密闭的橱内，与其他工具、仪表分开存放。

安全头盔、护目镜、手套等常用工具如图 1-10 所示。图 1-11、图 1-12 所示为相关标识。

图 1-10　新能源汽车维修安全头盔、护目镜、手套等

图 1-11　新能源汽车维修现场高压危险标识

图 1-12　新能源汽车维修现场标识

（2）维修车间注意事项

① 安全规章制度上墙，清晰展示安全标识。

② 划定专属操作工位，设置警戒线，并配置消防救援设施。

③ 为避免受伤，开始工作前应摘掉戒指、手表、项链，脱去宽松的衣服，长头发应挽起并固定于脑后。

④ 不用高压水枪对准电池包壳体及附近冲洗。

⑤ 建立事故车维修诊断项目表格，依据高压检测安全逻辑进行检测与维修，避免维修时没有抓住要害和重点、维修不彻底以及维修遗漏。例如，高压 DC/DC 转

换器维修遗漏或不彻底、动力电池包绝缘维修不彻底、电池管理系统（BMS）均衡维修不彻底等。

⑥ 将事故车在开阔地带停放 24 小时，在确认无起火等重大安全隐患的前提下再牵入维修工位，以防次生灾害。

⑦ 动力电池包维护、充放电中应派专人值守。

⑧ 高压维修时需至少两名持证专业人员同时在场，一人手持绝缘杆在操作人员正前方 90°范围内警戒。

⑨ 带电池的事故车不在举升机（图 1-13、图 1-14）上过夜，防止倾倒而产生次生灾害。

图 1-13　新能源汽车举升机示意图　　图 1-14　新能源汽车维修：举升机上拆卸电池

（3）绝缘手套检测与佩戴

新能源汽车维修作业中的绝缘手套通常具有两种独立的性能：一是具备良好的绝缘性能，在进行高压部件维修作业时，能够承受 1000V 以上的工作电压；二是具备抗酸碱性，当接触来自动力电池的酸性、碱性化学物质时，可防止这些物质对人体造成伤害。其充气检测操作如图 1-15 所示。《带电作业用绝缘手套》（GB/T 17622—2008）规定，绝缘手套按照电气性能可分为 5 个级别，即 0 级、1 级、2 级、3 级和 4 级，适用于不同电压等级。在进行新能源汽车维修作业时，要根据被测

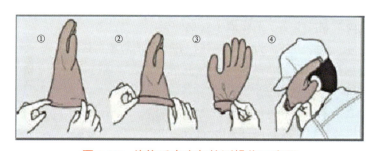

图 1-15　绝缘手套充气检测操作示意图

设备的最大电压值来选择绝缘手套。一般在绝缘手套的内部或外部印有执行标准、试验电压、最大使用电压等参数，应规范使用绝缘手套。

① 使用绝缘手套前，应进行外观检查，确保其有足够的长度，且表面无老化、毛刺、裂痕、破洞等损伤。另外，还要检查绝缘手套的参数标识、合格证等是否完好，是否在使用有效期内。

② 使用绝缘手套前，必须进行密封性检查。密封性检查的步骤是：先向绝缘手套内部吹入一定的空气（此步骤也可省略）；然后将绝缘手套朝手指方向卷曲，当将绝缘手套卷到一定程度时，其内部空气因体积压缩而使内压增大，绝缘手套膨胀；细心观察其表面有无划痕、裂痕、漏气等情况，若有，则禁止使用该绝缘手套。

③ 佩戴绝缘手套时，应将衣袖口套入绝缘手套中，以防发生意外。

④ 使用绝缘手套时，不能触碰表面尖利或带刺的物品，以免使绝缘手套受损。

⑤ 使用绝缘手套后，应将其里外擦洗干净，待充分晾干后涂抹滑石粉，并放置平整，禁止乱放。

⑥ 不能使绝缘手套与油脂、化学溶剂接触，避免使绝缘手套受酸性、碱性等化学物质的影响。

⑦ 不得将合格的与不合格的绝缘手套混放在一起，以免使用时造成混乱。

⑧ 要避免露天存放绝缘手套，避免其受阳光直射。应使其远离热源，储存在干燥通风的地方。

⑨ 使用绝缘手套 6 个月后，必须对其进行性能测试，不合格的绝缘手套要停止使用。

IP67 防护等级介绍如表 1-1 所示。

表 1-1　IP67 防护等级介绍

灰尘防护		液体防护	
数值	防护范围说明	数值	防护范围说明
0	无防护	0	无防护
1	50mm 以上物体（手掌伸不进去）	1	防止水滴进入（垂直角度）
2	12.5mm 以上物体（手指伸不进去）	2	防止水滴进入（倾斜 15°喷洒）
3	2.5mm 以上物体（两枚硬币厚度）	3	防止喷洒的水进入（倾斜 60°喷洒）
4	1.0mm 以上物体（比信用卡稍厚点）	4	防止飞溅的水进入（各种角度喷洒）
5	防尘（有少量灰尘，但不影响工作）	5	防止喷射的水进入（低压水柱）
6	绝尘（一尘不染）	6	防止大浪进入（高压水柱）
		7	防止浸水时水进入（不超 1m 水深）
		8	防止沉没时水进入（可超 1m 水深）

（4）新能源事故车维修现场规范操作

比如，新能源汽车高压安全检测的"三拔"：拔除钥匙、拔掉12V电池负极、拔下高压维修开关（图1-16～图1-18）。

拖车主要注意事项有：条件允许的情况下，拔除钥匙、拔掉12V电池负极、拔下高压维修开关，断开动力电池正负极，驱动轮不能长时间拖地转动。

图 1-16　拔除钥匙

图 1-17　拔掉 12V 电池负极

图 1-18　拔下高压维修开关

高压维修开关如图1-19所示。拔下高压维修开关时，首先应用力往上抬起维修开关把手上的黑色锁止开关，如图1-20所示。

图 1-19　高压维修开关示意图

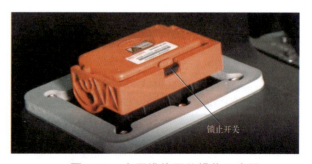

图 1-20　高压维修开关操作示意图

（5）新能源事故车维修现场高压端子电压检测及泄放操作

对于高压电器拆卸，一般需要等待 5～15 分钟。

泄放高压电的安全操作：建议用万用表的电压挡检测作业部分电压是否低于 36V；或者用功率电阻串联灯泡进行高压电器的余电泄放。图 1-21 为万用表检测高压电器端子电压值、功率电阻串联灯泡余电泄放示意图。

图 1-21　万用表检测高压电器端子电压值、功率电阻串联灯泡余电泄放示意图

图 1-22 列举出不同的高压线缆和端子。高压控制器上有各种各样的线缆、端子连接。图 1-23 和图 1-24 为电机高压线缆、端子示意图。具体的参数（如阻值、绝缘等级、密封等级、抗拉强度等）、形状等需要参考有关产品手册和技术规范。有些指标还需要在线检测和离线检测，如绝缘电阻。拆卸等需要专用工具。高压绝缘测试仪表与工具如图 1-25、图 1-26 所示。

图 1-22　高压线缆、端子示意图

图 1-23　电机高压线缆、端子示意图 1

图 1-24　电机高压线缆、端子示意图 2

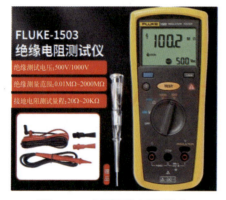

图 1-25　高压绝缘测试仪表

图 1-26　绝缘工具

（6）高压互锁设计及排除法检测

新能源汽车高压互锁示意图如图 1-27 所示。

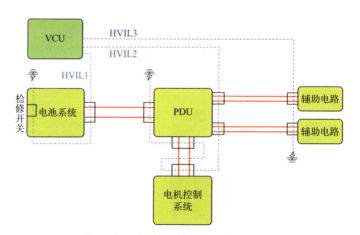

图 1-27　新能源车高压互锁示意图

高压互锁是高压控制系统连接完好的一种保障机制，设计思路也各有不同，比如高压互锁分组检测、高压互锁整体检测，但是基本检测思路是相同的，即通过串联的开关，在信号源与检测电路之间形成回路，通过有关检测来判断高压互锁状况，进而获得高压端子的连接状态。高压互锁松脱是常见的高压系统故障，也容易造成保险丝烧断、控制器烧坏、动力突然中断等现象。出现问题后要及时检测与维修，并注意查找病根，否则维修不彻底。

端子公母连接如图 1-28 所示。

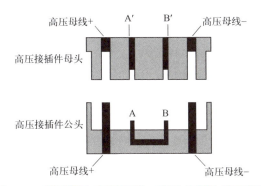

图 1-28　新能源车高压互锁：端子公母连接示意图

（7）等电位点连接操作

电压平衡线的截面积必须足够大、长度尽量短，以允许可能的最大故障电流通过它放电。电压平衡线和每个高电压组件都有连接，如图 1-29 所示。搭铁连接处要与高电压组件紧密贴合，搭铁阻抗值小于 0.2Ω。如高电压组件上有防锈漆等，则需刮除后再连接，必须保证电压平衡线清洁且未氧化。

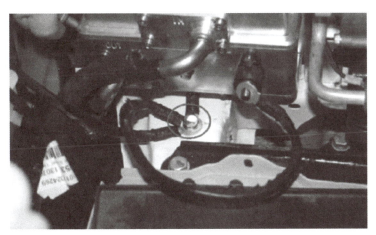

图 1-29　电压平衡线接地连接示意图（图中圈出螺钉位置）

（8）新能源汽车高压配电盒

图 1-30 为新能源汽车高压配电盒接线设计原理图，主要实现高压电的分配。图中通过手动检修开关将 540V 的动力电池一分为二，通过高压总正、高压总负对外输出 540V 的直流电源。图中的负载分别通过直流高压继电器控制电机控制器（MOTOR ECU）、DC/DC、DC/AC 与 BUMP、空调和除霜等。以上每一个回路上都有保险丝，在电机控制器（MOTOR ECU）上还有预充电继电器和预充电电阻。保险丝、直流高压继电器、预充电电阻等都是常见的易故障器件。当然，端子松脱、破损等也是经常发生的事情。一般若发生动力切断，无法启动车辆，首先考虑保险丝烧坏。注意：检测高压电时要戴绝缘手套，泄放高压控制器的余电，断开电池总进线等。条件许可时尽可能两人操作，并按操作规程来执行。

直流高压继电器常见的故障有触点烧蚀、线圈驱动芯片损坏、线圈烧断、端子松脱等，具体判断需要借助万用表的短路挡、电阻挡等，还有开关电源的使用。

直流高压继电器目前有 12V 驱动、24V 驱动两种常见型号，具体参数参见有关手册，比如：直流高压继电器线圈正常阻值测量需要对照产品手册，与手册数值偏差过大，就表明直流高压继电器线圈可能损坏。

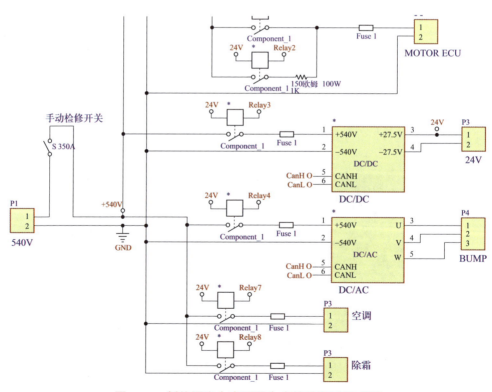

图 1-30　新能源汽车高压配电盒接线设计原理图

（9）新能源汽车事故现场急救

图1-31为新能源汽车事故现场急救示意图。图中是急救操练现场，对于胸部按压、人工呼吸等必要的现场应急施救方法应该掌握。

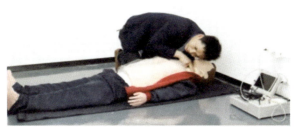

图1-31 新能源汽车事故现场急救示意图

1.4 新能源汽车高压安全检测

（1）高压部件检测（徒手操作）

① 用鼻子闻舱内是否有高温导致的导线焦糊味；

② 闻是否有电池漏液散发的酸味；

③ 观察端子线缆是否存在松脱、破损、针扎等潜在危害；

④ 观察是否有发热导致的线缆变色；

⑤ 观察是否出现因碰撞产生的变形、移位；

⑥ 观察机械互锁是否弹开等；

⑦ 使用万用表测量待检修部位余电是否泄放完成，若未完成则需要进行手动泄放（通常高压部件都有大电容，一定要注意高压部件上大电容电量的泄放）；

⑧ 建立项目清单，对已完成项目标记检查结果（包括直流高压继电器、保险丝、搭铁和机械互锁是否复位）。

（2）高压部件检测（使用工具）

① 用万用表测量是否有短路、断路的情况；

② 测量电压是否异常；

③ 用绝缘表测量关键部位是否达到绝缘标准；

④ 用内阻仪测试电芯内阻值；

⑤ 用均衡仪给动力电池做均衡保养；

⑥ 用动力电池上位机查看动力电池健康状况（是否老化）；

⑦用电流钳测试电机直流、交流电流等。

(3) 现场应急措施

① 车辆高温报警,有焦糊味或冒烟、有明火时,应马上停车,关掉开关,停好,拉上手刹,打开所有乘客车门,必要时击碎车窗,疏散乘客。

② 在确保安全的前提下,将车辆停放至安全区域,远离人群及易燃易爆品。按顺序关掉低压电池开关,拔掉高压维修开关,在适当的位置放置警示标志,疏散人群、避免围观,视现场情况拨打110、120报警或急救电话等。

③ 观察火情,如火势不大,且为电池外部零部件着火,可用二氧化碳或干粉灭火器灭火。如果是电池内部着火,若条件允许,可对电池大量喷水进行冷却,直至无复燃可能,并保持喷水设备备用,以防意外。人员应与事故车辆保持2米以上距离;如火势难以控制,必须保持足够安全距离,设置警戒区域,以防爆炸。消防员到达现场后,告知消防员着火的物品是否有易燃易爆等情况。新能源汽车火灾救援应该以人为本,安全第一,不要着急抢救财物;组织人员撤离时,应逆风而行,远离烟雾等有害气体。若人员衣物着火,要尽快脱掉,有水时可将衣物上的火浇灭,或跳入浅水区域;若没有水源,应迅速卧倒,滚动压灭火焰,切忌站立不动或奔跑。

(4) 充电及应急

夏季中午气温较高,不适于锂电池充电,应避开高温,晚上充电最为合适。对经过长途跋涉的车辆,不要在高温下立即补电,须将车辆搁置1小时左右再进行充电。充电时应将车辆移至阴凉区域。充电时发生冒烟、异味、高温等情况,应马上切断电源。发生火情时应大声呼救,以寻求帮助或疏散人群,并拨打报警电话;切断电源后,应组织现场人员灭火,以防火势扩大。

第 2 章

新能源汽车电子技术基础

2.1 电源分类及结构

电源是提供电能的装置，是能量源。图 2-1 为交流电源（AC）与直流电源（DC）波形对比图。流动极性（方向）和大小皆不随时间变化的电流通常称为 DC；流动极性不随时间变化，但大小随时间变化的电流也用 DC 表示，通常被称为纹波电流（ripple current）。

电源可以用电压、电流、功率等来描述。电压符号为 U，电压常见单位为 V（伏特）；电流符号为 I，电流常见单位为 A（安培）；功率符号为 P，单位为 W（瓦），常见单位还有 kW（千瓦）。

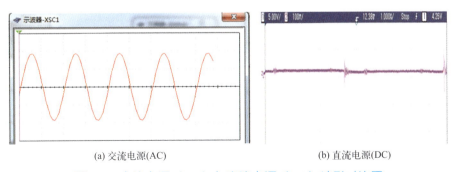

(a) 交流电源(AC)　　　　　　　(b) 直流电源(DC)

图 2-1　交流电源（AC）与直流电源（DC）波形对比图

根据转换的形式，电源分为：AC/AC电源、AC/DC电源、DC/DC电源［BOOST（升压）、BUCK（降压）］、DC/AC电源。

根据转换的方法，电源分为：线性电源（主要是模拟电源）、开关电源（功率器件的高频开关）。

根据调控的效果，电源分为：稳压电源（闭环控制调节电压）、恒流电源（闭环控制调节电流）、调频电源（频率控制）、调相电源（相位控制，如10°相角、20°相角等）。

图2-2为电源测量仪表图，图示为一款万用表，可以测量交流与直流电压。测试仪表的具体组成如图中所示。

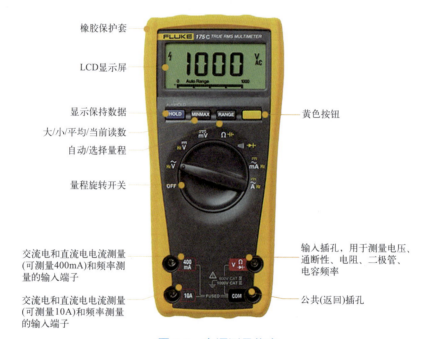

图2-2 电源测量仪表

图2-3为电源测量仪万用表测试示意图，将万用表的挡位拧到交流或者直流电压对应的量程挡（可以反复换挡测试），将万用表的测试表笔黑色一端接公共端［交流或者直流电压测量（V）］，红色一端接万用表的交流或者直流电压测量挡，然后测试表笔黑色另一端、红色另一端分别接触到被测试电压两端，形成与被测电路并联关系，观察万用表读数。

图2-4为一种电源转换关系示意图，图中的交流AC 100V（也可以是220V，国内主要是交流AC 220V），通过AC/DC变换器后以直流DC 24V输出，然后根据后面的负载情况，再经DC/DC变换器后分别输出12V、5V、3.3V给负载供电。

根据上面的转换逻辑关系，用万用表的对应挡位，分别测量有关点的输出电压，以测试电源的通路是否畅通。

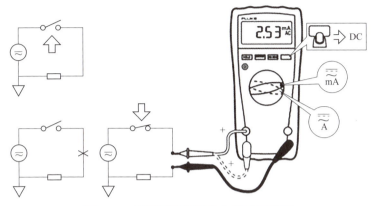

图 2-3　电源测量仪万用表测试示意图

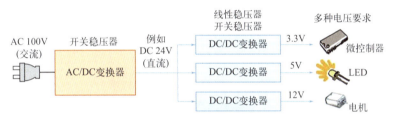

图 2-4　一种电源转换关系示意图

图 2-5 为常见电源 IC 芯片转换关系示意图，电源 IC 种类分为线性稳压器、开关稳压器，输出形式有降压、升压、升降压、反转（有的也叫反激），整流方式有同步整流、二极管整流［非同步整流（斩波型）］。

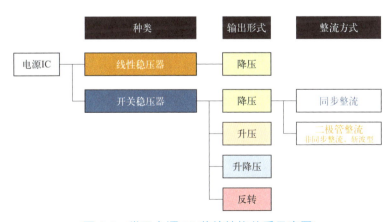

图 2-5　常见电源 IC 芯片转换关系示意图

图 2-6 为常见电源 IC 芯片 BUCK BOOST 示意图。9～16V 经过 BUCK（降压）-BOOST（升压）输出 7～12V；9～16V 经过 BUCK（降压）输出 5V，5V 经过 BOOST（升压）输出 7～12V。EN 是使能端控制，具体的设计需要根据具体芯片、负载等情况确定。根据上面的转换逻辑关系，用万用表的电压挡位，分别测量有关部位的输出电压，以测试电源的通路是否稳定输出电压，从而判断其好坏。电源是最常见的故障源，电源故障占日常故障的 15%～20%，也就是说判断电源情况对于故障的排除很重要。

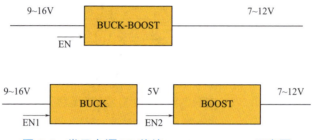

图 2-6 常见电源 IC 芯片 BUCK BOOST 示意图

图 2-7 为电源 IC 线性稳压原理框图，输入与输出的关系呈线性，它由输入 V_{in}、控制电路、控制元件、输出等构成，故被称为"线性稳压器"。优点有：电路简单、外接部件少、噪声小。缺点有：效率低、发热大、仅适用于降压型转换器等。具体的优缺点随工艺在变化，需要经常查阅有关芯片手册来确定。根据上面的转换逻辑关系，用万用表的电压挡位，分别测量有关部位的输出电压，以测试电源的通路是否稳定输出电压。

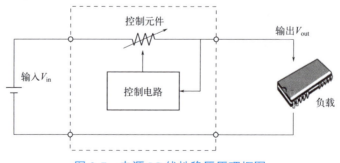

图 2-7 电源 IC 线性稳压原理框图

图 2-8 为电源 IC 芯片 FS8510 原理设计框图，整个设计模块参考图中所示，具体使用、测试等需要参考芯片手册。

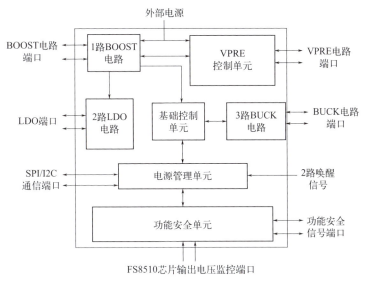

图 2-8　电源 IC 芯片 FS8510 原理设计框图

2.2　元件及连接方式

（1）电阻

电阻是一个限流元件，将电阻接在电路中后，阻值是固定的，它可限制通过它所连支路的电流大小。阻值不能改变的称为固定电阻器；阻值可变的称为电位器或可变电阻器。理想的电阻器是线性的，即通过电阻器的瞬时电流与外加瞬时电压成正比。用于分压的可变电阻器：在裸露的电阻体上，紧压着一至两个可移动金属触点，触点位置决定电阻体任意一端与触点间的阻值。几种常用电阻如下：

① 碳膜电阻器：将结晶碳沉积在陶瓷棒骨架上制成。碳膜电阻器成本低、性能稳定、阻值范围宽、温度系数和电压系数低，是目前应用最广泛的电阻器。

② 金属膜电阻器：用真空蒸发的方法将合金材料蒸镀于陶瓷棒骨架表面。金属膜电阻器比碳膜电阻器的精度高，稳定性好，噪声、温度系数小。它在仪器仪表及通信设备中大量应用。

③ 金属氧化膜电阻器：在绝缘棒上沉积一层金属氧化物。由于其本身即是氧化物，所以高温下稳定、耐热冲击、负载能力强。

④ 合成膜电阻：将导电合成物悬浮液涂敷在基体上，因此也叫漆膜电阻。由

于其导电层呈现颗粒状结构，所以其噪声大、精度低，主要用它制造高压、高阻、小型电阻器。

常见的电阻有功率轴线封装电阻、高精度电阻（如磁控溅射电阻）、普通贴片电阻（碳膜电阻器）等，如图2-9所示。

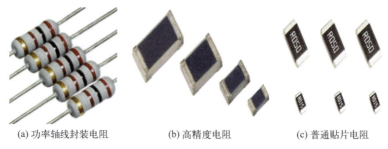

(a) 功率轴线封装电阻　　　(b) 高精度电阻　　　(c) 普通贴片电阻

图 2-9　常见的电阻

图 2-10 所示为电阻的测量（测量范围：200Ω～20MΩ。准确度：±0.8%+3 字）。如图中所示，将万用表的挡位打到电阻测量对应的量程挡（可以反复换挡测试），将万用表的测试表笔黑色一端接公共端，红色一端接万用表的电阻测量挡，然后测试表笔黑色另一端、红色另一端分别接触到被测试电阻两端，观察万用表读数。注意：测试电阻时尽可能让电路开路，如卸下电阻、拆卸电阻一端断开、关闭电源等，具体方式根据现场来选择。

图 2-11 为电阻的预充电应用图。对于电机控制器的动力电池预充电过程，有一个预充电电阻来限制充电电流和充电时间，图中所示就是预充电电阻——一个功率电阻；有的厂家则采用同样功率的电阻串联的方式，提供总预充电电阻功率。目前，预充电电阻大多选用工业等级。常见的一个典型故障表现在无法上高压电、诊断仪读不出

图 2-10　电阻的测量

故障码。当然具体的原因需要现场诊断分析。

电位器是一种一般将电能转化为内能的电气元件，可以限制通过它所连支路的电流大小，在电路中起到分压、分流的作用。例如：图 2-12 所示加速踏板中的加速踏板滑动变阻器等；图 2-13 所示主继电器、慢充继电器、快充继电器中，线圈都有一定的电阻，在判断有关故障时，测量线圈两端电阻并与产品参数值进行对比很有必要。

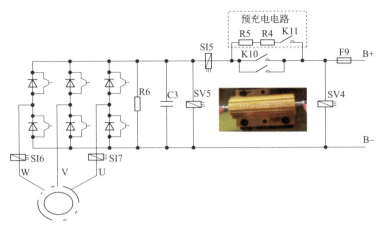

图 2-11 电阻的预充电应用图

图 2-12 加速踏板实物图

(a) 主继电器　　　　　　(b) 慢充继电器　　　　　　(c) 快充继电器

图 2-13 主继电器、慢充继电器、快充继电器对比图

（2）电容

电容器是储存电量和电能（电势能）的元件。电容是指在给定电位差下的电荷储藏量，C 表示电容。电容的单位是法拉（F），常见的单位有微法（μF）、皮法（pF）、纳法（nF）等。1 法拉（F）=1000 毫法（mF）；1 毫法（mF）=1000 微法（μF）；1 微法（μF）=1000 纳法（nF）；1 纳法（nF）=1000 皮法（pF）。即：1F=1000000μF；1μF=1000000pF。图 2-14 为常见电容器展示图。

图 2-14 常见电容器展示图

图 2-15 为预充电电路中电容器 C1 展示图,高压电池包、预充电继电器、预充电电阻、电容器 C1 构成了预充电电路回路。一般主要测量电容器 C1 上的电压,由电容器 C1 上的电压可以监测预充电电路的电容器好坏,如电容器 C1 上的电压在 10ms 左右从 0V 上升到高压电池包总电压的 90% 左右,如果不是这个值,就说明有故障。回路中的各部件监测采用对应的方法来实现。

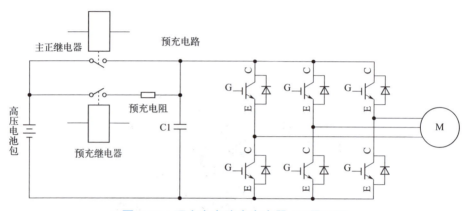

图 2-15 预充电电路中电容器 C1 展示图

（3）电感

电感器（inductor）是能够把电能转化为磁能而存储起来的元件。电感器的结构类似于变压器,但只有一个绕组。电感器具有一定的电感,它只阻碍电流的变化。在没有电流通过的状态下,电路接通时电感器将试图阻碍电流流过它;在有电流通过的状态下,电路断开时电感器将试图维持电流不变。电感器又称扼流器、电抗器、动态电抗器。电感器一般由骨架、绕组、屏蔽罩、封装材料、磁芯或铁芯等组成。

电感量的基本单位是亨利（简称亨）,用字母"H"表示。常用的单位还有毫亨（mH）和微亨（μH）,它们之间的关系是:1H=1000mH,1mH=1000μH。

用导线绕制而成,具有一定匝数,能产生一定自感量或互感量的电子元件,常称为电感线圈。为增大电感值、提高品质因数、缩小体积,常加入铁磁物质制成的铁芯或磁芯。电感器的基本参数有电感量、品质因数、固有电容量、稳定性、通过的电流和使用频率等。

电感器分为自感器、互感器。

① 自感器。当线圈中有电流通过时,线圈的周围就会产生磁场。当线圈中电

流发生变化时，其周围的磁场也产生相应的变化，此变化的磁场可使线圈自身产生感应电动势（感生电动势）（电动势用以表示有源元件理想电源的端电压），这就是自感。由单一线圈组成的电感器称为自感器，它的自感量又称为自感系数。

② 互感器。两个电感线圈相互靠近时，一个电感线圈的磁场变化将影响另一个电感线圈，这种影响就是互感。互感的大小取决于电感线圈的自感与两个电感线圈耦合的程度，利用此原理制成的元件叫作互感器。

测量电感的两类仪器为：RLC 测量仪（电阻、电感、电容三种都可以测量）和电感测量仪。

① 电感测量：将万用表打到蜂鸣二极管挡，把表笔放在两引脚上，看万用表的读数。

② 好坏判断：对于贴片电感，此时的读数应为零，若万用表读数偏大或为无穷大则表示电感损坏。对于电感线圈匝数较多、线径较细的线圈，读数会达到几十到几百，通常情况下线圈的直流电阻只有几欧姆。损坏表现为发烫或电感磁环明显损坏，若电感线圈未严重损坏，而又无法确定是否损坏时，可用电感表测量其电感量或用替换法来判断。

图 2-16 为常见电感器件展示图。图 2-17 为 CAN 总线扼流圈器件设计图，图中扼流圈器件 L_{CM} 就是电感器件，提高系统抗干扰能力，如系统通信时而正常时而不正常，或者出现丢包等，都可能与这个器件有关。

图 2-16 常见电感器件展示图

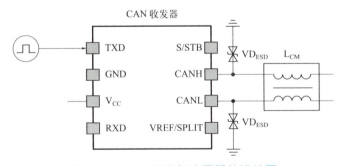

图 2-17 CAN 总线扼流圈器件设计图

图 2-18 为 BUCK 降压电路电感器件 L 续流作用示意图。图中，开关 S 合上时，电路回路为电池 V_{in}、开关 S、滤波（电感器件 L、电容器 C）、V_{out}；开关 S 断开时，电路回路为地 GND、VD、电感器件 L、V_{out}，此时电感器件 L 起续流作用。如果电感器件 L 烧断或者一端虚接，以上的过程就不能全有，可以用万用表电压挡来

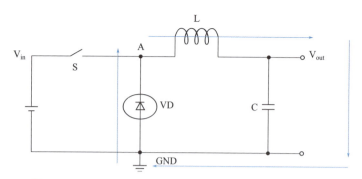

图 2-18　BUCK 降压电路电感器件 L1 续流作用示意图

监控，判断好坏。

（4）串联

串联电路定义：用电器首尾依次连接的电路。特点：电路只有一条路径，任何一处开路都会导致电路断开。故障排除方法之一：用一根导线逐个跨接开关、用电器，如果电路形成通路，就说明被短接的那部分接触不良或损坏。千万注意：绝对不可用导线将电源短路。

（5）并联

并联电路：并联电路使在构成并联的电路元件间，电流有至少两条相互独立的通路。

图 2-19 为 R_2、R_3 串联后与 R_4 并联电路图，具体适用公式及计算过程如图所示。

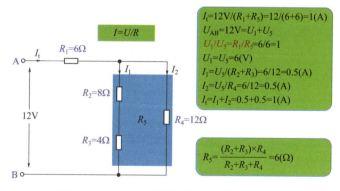

图 2-19　R_2、R_3 串联后与 R_4 并联电路图

图 2-20 为整车高压电气控制系统结构布局串并联示意图，图中动力电池对于回路来说就是串联的一环，电机控制器、空调、PTC 加热器（以下简称 PTC）、DC/DC 变换器、直流快充、车载充电机（OBC）等之间都是并联关系。也就是说，

如果电池有问题，后面所有并联的都不正常工作；如果电池没有问题，电机控制器、空调、PTC、DC/DC 变换器、直流快充、车载充电机（OBC）等之间都是并联关系，通过这种关系来判断各自是否独立工作，以及判断高压控制器总成的好坏，这种方法称为排除法。所以，掌握电子技术的基本概念对于整车系统级故障判断很重要，特别是对系统故障的完备性修复、彻底性修复而言。例如，若同样的故障问题反复回厂维修还得不到彻底的解决，客户将对技术人员的专业技术能力产生否定等。

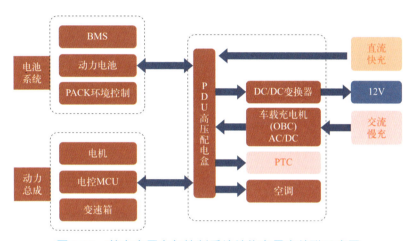

图 2-20　整车高压电气控制系统结构布局串并联示意图

2.3　二极管、三极管和 MOSFET

二极管（diode）：电子元件中，一种具有两个电极的装置，只允许电流由单一方向流过。二极管所具备的电流方向性通常称为"整流"功能。二极管最普遍的功能就是只允许电流由单一方向通过（称为顺向偏压），反向时阻断（称为逆向偏压）。

图 2-21 为半波整流电路原理图，交流电源 AC 220V 经过变压器降压后由二极管进行半波整流，给负载提供直流电。变压器正负在二级绕组中用接地 GND 与二极管来确定。图 2-22 为半波整流电路负载波形图，一半的波形在负载中起作用，另外一半没有起作用，这样效率就比较低。

图 2-23 为全波整流电路正半波周期分析图，图 2-24 为全波整流电路负半波周期分析图。二极管 VD1、VD2、VD3、VD4 也称为整流桥，全波整流效率就比较高。

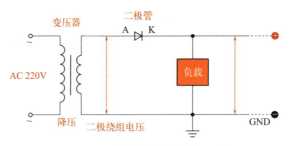

图 2-21 半波整流电路原理图

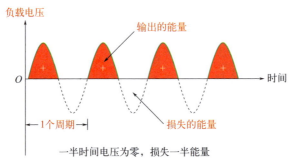

图 2-22 半波整流电路负载波形图

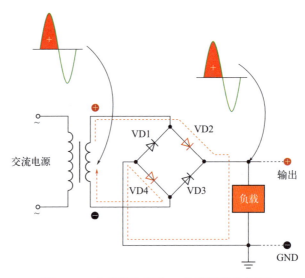

图 2-23 全波整流电路正半波周期分析图

三极管：全称为半导体三极管，也称双极型晶体管、晶体三极管，是一种控制电流的半导体器件。其作用是把微弱信号放大成幅度值较大的电信号，也用作无触点开关。

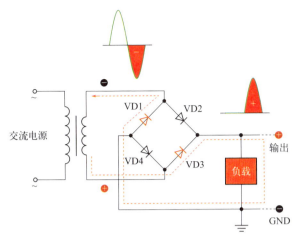

图 2-24　全波整流电路负半波周期分析图

三极管是半导体基本元器件之一，具有电流放大作用，是电子电路的核心元件。三极管是在一块半导体基片上制作两个相距很近的 PN 结，两个 PN 结把整块半导体分成三部分，中间部分是基区，两侧部分是发射区和集电区，排列方式有 PNP 和 NPN 两种。工作状态有截止状态、饱和导通状态、放大状态。

瞬态电压抑制二极管，即 TVS（transient voltage suppressors），是一种用于过电压保护和 ESD 保护的器件。图 2-25 为 TVS 稳压电路原理图，通过在电源端串联电阻等器件，让 TVS 保护管与被保护电路反向并联，让更多的电压在电源端串联电阻等器件上串联分掉，从而更好地保护被保护电路。图 2-26 为 TVS 稳压电路波形分析图。

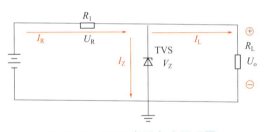

图 2-25　TVS 稳压电路原理图

图 2-27 为单向、双向 TVS 稳压管符号对比图。具体使用过程中需要参照产品手册。在电路中需要用万用表检测稳压电压值来判断其好坏。

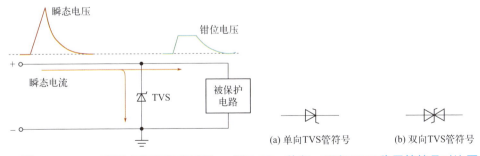

图 2-26　TVS 稳压电路波形分析图　　图 2-27　单向、双向 TVS 稳压管符号对比图

场效应晶体管（field effect transistor，FET）简称场效应管。主要有两种类型：结型场效应管（junction FET，JFET）和金属-氧化物-半导体场效应管（metal-oxide-semiconductor FET，MOSFET）。由于多数载流子参与导电，它也称为单极型晶体管。它属于电压控制型半导体器件，具有输入电阻高（$10^7 \sim 10^{15}\Omega$）、噪声小、功耗低、动态范围大、易于集成、没有二次击穿现象、安全工作区域宽等优点。

MOSFET 一般有耗尽型和增强型两种。增强型 MOSFET 可分为 NPN 型、PNP 型。NPN 型通常称为 N 沟道型，PNP 型也叫 P 沟道型。对于 N 沟道型的场效应管，其源极和漏极接在 N 型半导体上；对于 P 沟道型的场效应管，其源极和漏极则接在 P 型半导体上。场效应管的输出电流由输入的电压（或称电场）控制，可以认为输入电流极小或没有输入电流，这使得该器件有很高的输入阻抗，这也是我们称之为场效应管的原因。

图 2-28 为 N 沟道 MOSFET 低边脉冲驱动设计图。对电阻类、电感类负载的低边脉冲驱动开通、关断，可以选用 N 沟道 MOSFET，具体的电压、电流、内阻等参数需要参阅有关器件手册确定。

图 2-29 为 N 沟道 MOSFET 低边复合对管驱动设计图，具体参数需要参照有关手册确定。现在有很多专用的 MOSFET 管驱动芯片，也有集成驱动芯片的 MOSFET 一体化器件，包括 SiC 材料的使用。

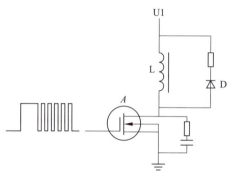

图 2-28　N 沟道 MOSFET 低边脉冲驱动设计图

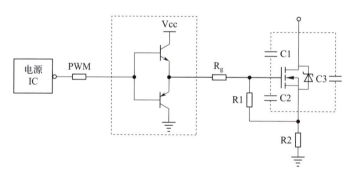

图 2-29　N 沟道 MOSFET 低边复合对管驱动设计图

图 2-30 为 N 沟道 MOSFET 高边驱动芯片原理模块图，图中可见 4 路 N 沟道 MOSFET 高边驱动芯片。不管是高边还是低边驱动，都要测量驱动芯片信号、MOSFET 门极信号以及负载电路电压等信号来判断 MOSFET 好坏。

IGBT（绝缘栅双极型晶体管）的使用同 MOSFET。

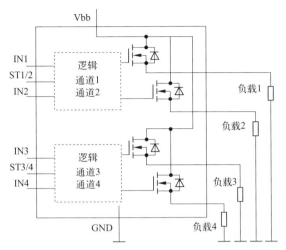

图 2-30 N 沟道 MOSFET 高边驱动芯片原理模块图

2.4 新能源汽车常用隔离方式

电隔离（以下简称"隔离"）是一种电路设计技术，允许两个电路进行通信，可消除在它们之间任何不需要的直流电和交流电。电隔离确保数据传输不是通过电气连接或泄漏路径，从而避免安全风险。

隔离常用于：保护操作人员和低压电路免受高电压影响；防止通信子系统之间的地电位差；改善抗噪性能。

隔离会带来延迟、功耗、成本和尺寸等方面的限制。数字隔离器的目标是在尽可能减小不利影响的同时满足安全要求。

常见隔离的优缺点对比如表 2-1 所示。

表 2-1 常见隔离优缺点对比

类型	优点	缺点
光隔离	电磁干扰小	速度较低，传输延迟较大；功耗较大；体积较大；光衰导致寿命较短
磁隔离（变压器隔离）	传输速率高；耐压等级高	易受电磁干扰；成本较高；功耗较电容隔离大
电容隔离	传输速率高；体积小，材料性质稳定；电磁干扰小；耐压等级高；成本较低	要求信号频率远高于噪声预期频率

① 变压器隔离，即隔离 DC/DC 电源，可以测量原边、副边的电压以判断其

好坏。图 2-31 为变压器隔离 DC/DC 电源变换图。图 2-32 为 CAN 总线变压器隔离驱动芯片模块图。为了提高 CAN 总线可靠性，CAN 总线设计方案采用电源、收发等变压器隔离，如 ADM3053 芯片方案，具体参考芯片设计手册。

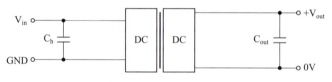

图 2-31 变压器隔离 DC/DC 电源变换图

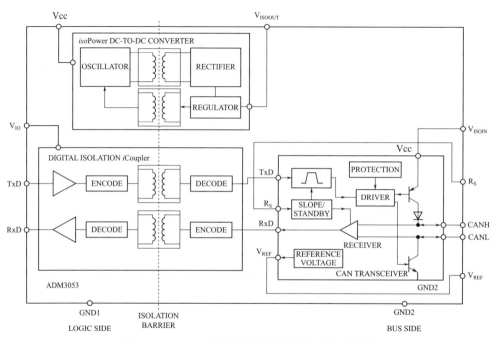

图 2-32 CAN 总线变压器隔离驱动芯片模块图

② 光隔离。光电耦合器件是把发光器件（如发光二极管）和光敏器件（如光敏三极管）组装在一起，通过光线实现耦合，构成电 - 光 - 电的转换器件。当电信号送入光电耦合器的输入端时，发光器件将电信号转换为光信号。光信号经光敏器件感应接收，再还原成电信号。图 2-33 为 IO 口光隔离芯片驱动设计图。当输入端为高电平，有电流流过时，发光二极管发光，使光电三极管导通，其集电极就有电流流过，同时集电极电平也下降到接近 0V；当输入端为低电平，发光二极管驱动不了，没有电流流过时，发光二极管不发光，光电三极管没有导通，其集电极就没有电流流过，集电极电平与电源电平 V_{DD} 一样是高电平。实际电路的测试与上面的方法类似。光电耦合器件也是常见易坏器件之一。图 2-34 为光隔离

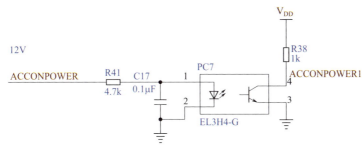

图 2-33　IO 口光隔离芯片驱动设计图

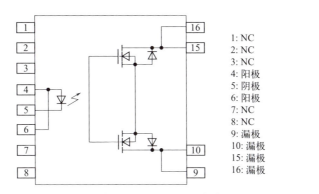

图 2-34　光隔离 MOSFET 驱动芯片引脚图

MOSFET 驱动芯片引脚图，可以驱动更大电流、更高电平。

③ 电容隔离。电容隔离是一种电气隔离技术，它使用电容器将信号从一个电路传递到另一个电路，同时保持两个电路之间的电气隔离。图 2-35 为 BMS 管理系统芯片光隔离后用电容隔离驱动图。此外，还有继电器隔离，实现小电流控制大电流、低压控制高压等。

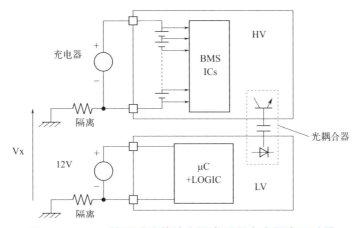

图 2-35　BMS 管理系统芯片光隔离后用电容隔离驱动图

图 2-36 为 BMS 管理系统芯片电容隔离驱动级联示意图，ISL78600 实现 BMS 管理系统从板的信号级联，级联后从板与 BMS 管理系统主控板构成整个电池包的 BMS 管理系统。

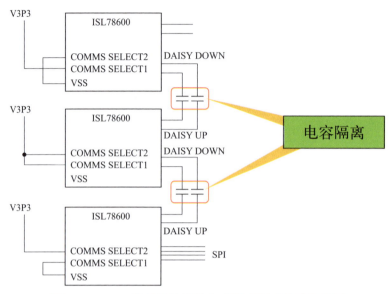

图 2-36　BMS 管理系统芯片电容隔离驱动级联示意图

2.5　与或非门、触发器

图 2-37 为与或非门逻辑符号真值表对比图，包括与门与真值表、或门与真值表、非门与真值表对比。现在主要的逻辑用芯片中的软件来实现。

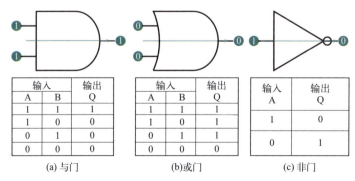

图 2-37　与或非门逻辑符号真值表对比图

触发器是同步的双稳态器件。在这里，术语"同步"的意思是输出状态的变化只发生在触发输入称为时钟的一个特定的点处（上升沿或下降沿），时钟被指定为控制输入（C）；也就是说，输出变化的出现与时钟同步。触发器对时钟边沿敏感。边沿触发器的状态改变仅出现在时钟脉冲的正边沿（上升沿）或者负边沿（下降沿）上，并且只有在时钟的这个转换瞬间才对它的输入做出响应。常见的两种类型的边沿触发器：D 触发器和 J-K 触发器。图 2-38 为 D 触发器与 J-K 触发器符号对比图，注意：每一种类型都可以是正边沿触发的（在 C 输入上没有小圆圈）或者是负边沿触发的（在 C 输入上有小圆圈）触发器。通过逻辑符号识别边沿触发的关键是框内时钟输入（C）上的小三角，这个小三角称为动态输入指示器。动态输入指示器表示触发器的状态改变仅发生在时钟脉冲的边沿。触发器是数字电路的基本元器件，后续对 CPU 等的理解都与这有关。

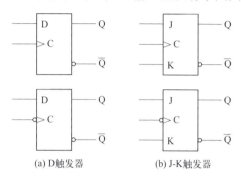

(a) D 触发器　　(b) J-K 触发器

图 2-38　D 触发器与 J-K 触发器符号对比图

2.6　运算放大器和比较器

图 2-39 为运算放大器的虚短、虚断概念示意图，虚短相当于运算放大器的同名端（+）与非同名端（-）短接在一起，虚断相当于运算放大器的同名端与非同名端断开。根据电路节点电流流入之和等于节点电流流出之和，求出有关电路的电压、电阻等之间的关系。运算放大器是加法器、减法器、积分器、指数电路、有源滤波电路、差分放大电路等的基础。

图 2-40 为比较器的工作原理图。同名端与非同名端输入进行比较，同名端高于非同名端则比较器输出高电平，反之则输出低电平。比较器的特点在温度保护、过压保护、过流保护等硬件设计中都有体现，其好坏需要根据上面的逻辑进行判断。

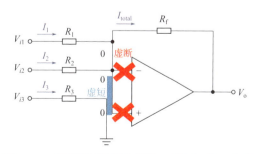

图 2-39　运算放大器的虚短、虚断概念示意图

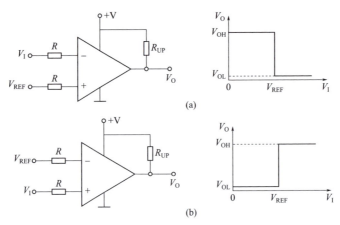

图 2-40　比较器的工作原理图

2.7　单片机 CPU

图 2-41 为 8051 单片机的结构原理模块图，由 CPU[含 ALU（算术逻辑单元）]、数据存储器（RAM）、程序存储器（ROM）、定时器、中断系统、特殊功能寄存器（SFR）、串行口、IO 口 P0 口、IO 口 P1 口、IO 口 P2 口，以及时钟晶振、控制器等构成，CPU 在内部总线（地址总线、数据总线、控制总线）与外设总线（地址总线、数据总线、控制总线）之间进行数据交互，从而完成一定的功能。目前，8051 单片机在汽车行业，特别是在新能源汽车行业完全进化了，这里仅仅是介绍原理，实际使用过程中需要查阅芯片手册。

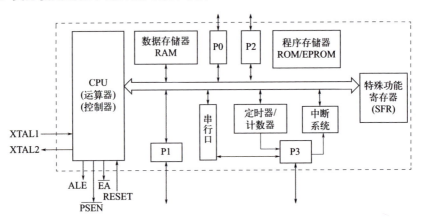

图 2-41　8051 单片机的结构原理模块图

图 2-42 为 8051 单片机的串行通信原理模块图，由 MCU 的内部总线（internal bus）根据事先配置的 SCI（系统控制中断）控制寄存器、SCI 状态寄存器、SCI 波特率寄存器，对接收信号进行控制，接收引脚 RxD 收到信号后，在接收移位寄存器、SCI 数据寄存器存放数据，MCU 的内部总线根据具体情况对数据进行后续处理；发送数据时，MCU 的内部总线根据事先配置的 SCI 控制寄存器、SCI 状态寄存器、SCI 波特率寄存器，将 SCI 数据寄存器数据在发送移位寄存器中通过发送引脚 TxD 发送出去。

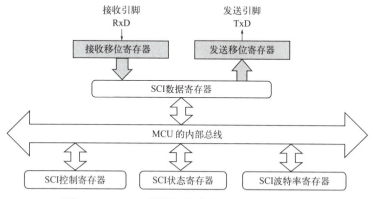

图 2-42　8051 单片机的串行通信原理模块图

图 2-43 为典型的带功能安全、信息安全 GPU 等模块芯片示意图，具体需要根

图 2-43　典型的带功能安全、信息安全 GPU 等模块芯片示意图

据有关标准、法律等要求来选型设计。图 2-44 为英伟达 ORIN 系列芯片模块示意图，图 2-45 为特斯拉某款自动驾驶系统产品图。

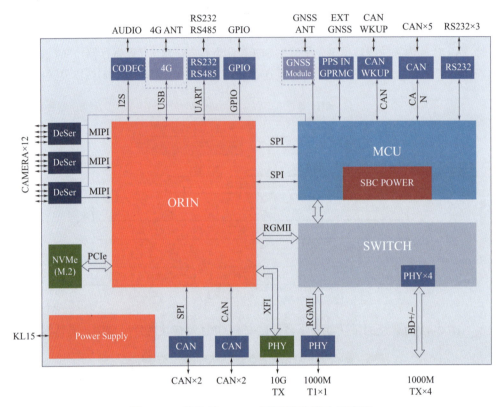

图 2-44　英伟达 ORIN 系列芯片模块示意图

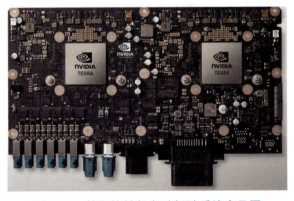

图 2-45　特斯拉某款自动驾驶系统产品图

第 3 章

新能源汽车高压电气系统

3.1 车载 DC／DC 模块分析

第 2 章介绍的高压电气控制系统（图 2-20）中，直流快充经过 PDU（高压配电盒）对动力电池进行充电，动力电池经过 PDU 与 DC/DC 变换器对低压蓄电池（12V 或者 24V）进行充电并给整车提供低压电源，OBC（车载充电机）（AC/DC）由交流慢充接口提供交流电；此外还有 PTC、空调压缩机控制器等等。

图 3-1 为动力电池、高压配电盒与 DC/DC 变换器、蓄电池的连接示意图。动力电池提供高压电，通过高压配电盒、DC/DC 变换器将高压直流转换为低压直流给蓄电池充电，向整车提供稳定的低压电源。DC/DC 变换器内部故障、蓄电池性能老化等都可能造成整车不能够获得稳定的低压电源，从而造成系统故障，特别是随机故障（这是因为不稳定的低压电源造成的控制器损坏，不知道会在什么工

图 3-1 动力电池、高压配电盒与 DC/DC 变换器、蓄电池的连接示意图

况下出现）。很多新能源汽车维修中只修了烧毁的控制器，并没有找到真正的原因，导致经常返厂维修，以及维修费用很高、客户抱怨等问题。这与产品设计的长时间验证、维修服务水平等有很大关系。

故障诊断注意事项：

① 整车无法启动时，可能是 DC/DC 变换器发生损坏，建议先查看有关回路的保险丝。比如：拆下 DC/DC 变换器，用可编程电源提供高压电，若 DC/DC 变换器有输出，说明 DC/DC 变换器内部高压主回路没有问题，如果有关状态正确，这个时候可能是 DC/DC 变换器高压电源输入有问题，如保险丝和继电器故障等；这个时候不应该拆下来测试，而应该先查看保险丝，如果保险丝有问题则应该查看负载是否短路，然后根据具体情况更换保险丝即可。

② DC/DC 低压信号故障：低压端供电、接地或使能信号故障。

③ DC/DC 高压输入故障：常见于 DC/DC 熔断器损坏。

④ DC/DC 低压输出故障：常见于连接线路故障。例如，如果 DC 12V 没有了，要么是低压电池坏了，要么是 DC/DC 变换器坏了，或者其间的线束保险丝坏了。

图 3-2 为 DC/DC 变换器与蓄电池并联后整车供电示意图。DC/DC 变换器与蓄电池并联后整车供电主要为 DC/DC 功率变换器、辅助蓄电池并联后给整车若干系统提供稳定的低压电源，负载主要有上装低压取电、控制系统、传统电器、整车控制、数据采集终端等。

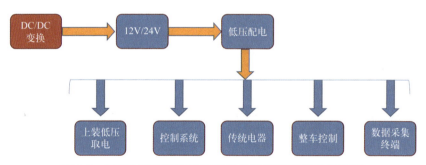

图 3-2　DC/DC 变换器与蓄电池并联后整车供电示意图

图 3-3 为整车控制器（VCU）与 DC/DC 变换器的控制连接示意图。稳定的低压电源系统通常采用 DC/DC 变换器与蓄电池并联后提供 12V/24V 直流电源作为整车稳定的低压电源；整车控制器与 DC/DC 变换器的控制连接，主要由整车控制器、DC/DC 变换器、蓄电池、高压输入端子、低压控制端子、低压输出端子正极 B、低压输出端子负极等构成；整车控制器通过继电器的线圈控制，实现 12V 的电源正极供电兼 DC/DC 变换器的使能控制，故障信号输出端通过输出信号的状态来判断 DC/DC 变换器的状态。图 3-4 为一款 DC/DC 变换器实物图。

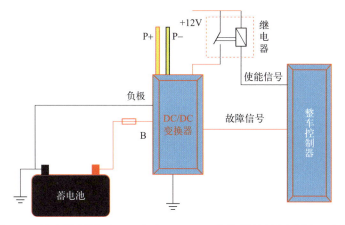

图 3-3　整车控制器（VCU）与 DC/DC 变换器的控制连接示意图

图 3-4　一款 DC/DC 变换器实物图

图 3-5 为 DC/DC 变换器总成接线端子示意图，主要分为四部分：高压输出端子（A 为电源负极，B 为电源正极，其他为高压互锁端子）、低压控制端子、低压输出端子正极、低压输出端子负极。DC/DC 变换器与低压 12V（或者 24V）蓄电池并联后给整车提供稳定的、具有一定功率的低压电源输出。如果低压电源不稳定，则整车高压控制器出现问题是随机的，如空调控制器烧毁、车载充电机（OBC）烧毁、电机控制器烧毁、电池管理系统（BMS）烧毁等。具体车型的具体

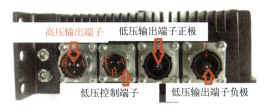

图 3-5　DC/DC 变换器总成接线端子示意图

控制器与设计有关。

电流流向：从动力电池释放的高压电流经过DC/DC变换器的降压升流后，336V 12A的电流转化为12V 150A（估算功率为1.8~2kW），充电存入低压电池或者并联后供电。对具体产品需要查阅手册。

注意事项：低压电路负极和外壳接地不需要隔离，所以电池负极将直接接入外壳接地。高压电路负极需要和外壳接地隔离以避免安全隐患，故高压电路负极和接地共电平但不互通。

新的或者没有安装在车上的DC/DC变换器的低压端子负极与外壳不相连。但是，DC/DC变换器安装在车上并接线后，低压端子负极与车架外壳相连。

图3-6为某款DC/DC变换器爆炸图，主要由功率板、DC/DC托盘、主变压器、滤波电路、LLC隔离电路、控制板、采集板、共模电感、保险丝、CAN总线信号中板等组成。判断具体故障时需要根据电路的逻辑关系进行判断，保险丝损坏占DC/DC故障的15%左右，主变压器的故障占20%左右，功率板功率驱动芯片的故障占40%左右，此外就是其他的故障了，如采集板、CAN总线信号故障等。

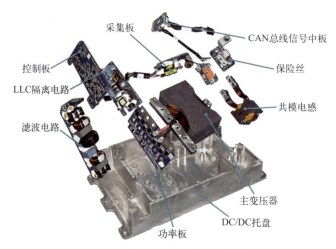

图3-6 某款DC/DC变换器爆炸图

图3-7为DC/DC降压转换器基本原理示意图，主要由输入电源（V_{in+}、V_{in-}）、滤波储能电容C_{in}、功率开关管Q、肖特基续流二极管VD、输出滤波电路L、C_{out}、输出电压（V_{out+}、V_{out-}）等构成。通过控制功率开关管Q的脉冲占空比来控制输出电压的大小，输出电压的大小与功率开关管Q的脉冲占空比成正比，图中的方波就是功率开关管Q的脉冲占空比控制的波形。

图3-8为DC/DC降压转换器基本原理示意图[PWM（脉冲宽度调制）的高

电平],调整功率开关管 Q 的脉冲占空比,其输出与开关管 Q 的脉冲占空比成正比,通过占空比控制功率开关管 Q 的导通,输入电源（V_{in+}、V_{in-}）、输出滤波电路 L、C_{out}、输出电压 V_{out+} 形成导通回路。

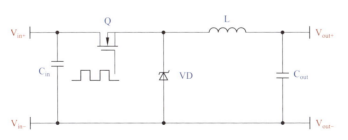

图 3-7　DC/DC 降压转换器基本原理示意图

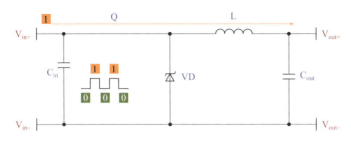

图 3-8　DC/DC 降压转换器基本原理示意图（PWM 的高电平）

图 3-9 为 DC/DC 降压转换器基本原理示意图（PWM 的低电平），调整功率开关管 Q 的脉冲占空比,其输出与开关管 Q 的脉冲占空比成正比,通过占空比控制功率开关管 Q 关断,输入电源 V_{in-}、肖特基续流二极管 VD、输出滤波电路 L、C_{out}、输出电压 V_{out+} 形成续流导通回路,这个状态下肖特基续流二极管 VD 也称续流二极管。

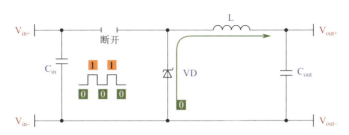

图 3-9　DC/DC 降压转换器基本原理示意图（PWM 的低电平）

图 3-10 为 DC/DC 变换器主电路拓扑结构示意图,主要由输入电源、直流 - 交流模块、变压器、整流、滤波、直流输出构成。

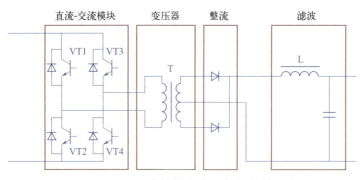

图 3-10 DC/DC 变换器主电路拓扑结构示意图

3.2 车载充电机模块分析

图 3-11 为新能源汽车充电及系统能量流动示意图。交流充电口接收交流充电桩的电能,并通过高压线束将电能输送给车载充电机,车载充电机将交流电(AC)转化为直流电(DC)传输给高压配电盒,高压配电盒再经过直流母线将直流电传递给动力电池为其充电。

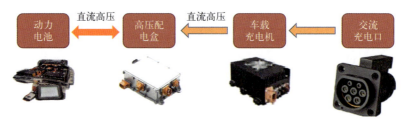

图 3-11 新能源汽车充电及系统能量流动示意图

图 3-12 为车辆交流充电连接详细接线示意图。交流充电口接收交流充电桩的电能,并通过高压线束将电能输送给车载充电机,供电设备提供交流慢充接口,交流慢充接口提供 CP(控制导引)、CC(充电连接确认)(CP 与 CC 共称握手信号)、N(中线)、L(交流电源)、PE(保护接地)等接口,交流慢充接口与车载充电机相连,车载充电机与高压配电盒(也称 PDU 等)相连,同时车载充电机输入电源 12V+ 与 12V−、连接确认信号、充电唤醒信号、CAN-H、CAN-L 等与整车控制器、动力电池等相连,整车控制器通过充电唤醒、充电指示、CAN-H、CAN-L 等信号与仪表相连。

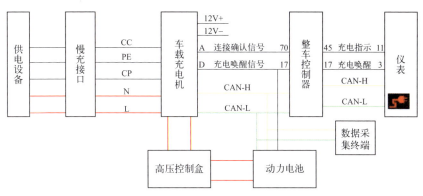

图 3-12　车辆交流充电连接详细接线示意图

图 3-13 为 DC/DC 升压转换器基本原理示意图（PWM 的高电平电感储能），主要由输入电源（V_{in+}、V_{in-}）、储能电感 L、功率开关管 Q、肖特基二极管 VD、输出滤波 C_{out}、输出电压（V_{out+}、V_{out-}）等构成。通过控制功率开关管 Q 的脉冲占空比来控制输出电压的大小，图中的方波就是功率开关管 Q 的脉冲占空比控制的波形。控制功率开关管 Q 高电平打开状态，输入电源（V_{in+}、V_{in-}）、储能电感 L 形成回路，电源对储能电感 L 充电，此时，储能电感 L 相当于一个电源。

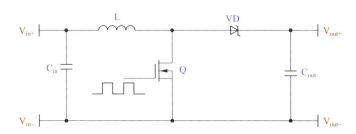

图 3-13　DC/DC 升压转换器基本原理示意图（PWM 的高电平电感储能）

图 3-14 为 DC/DC 升压转换器基本原理示意图（PWM 的低电平电源与电感串联升压），图中电源路径：控制功率开关管 Q 低电平关断状态→输入电源（V_{in+}、

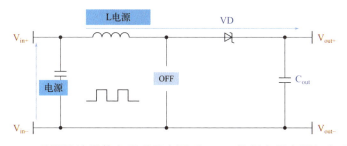

图 3-14　DC/DC 升压转换器基本原理示意图（PWM 的低电平电源与电感串联升压）

V_{in-}）→储能电感 L →肖特基二极管 VD →输出滤波 C_{out} →输出电压（V_{out+}、V_{out-}）等。之前控制功率开关管 Q 处于高电平打开状态，储能电感 L 是电源；当控制功率开关管 Q 处于低电平关断状态时，电源与储能电感 L（相当于一个电源）串联向后面负载升压供电，通过控制 PWM 的占空比来调节输出电压的值。

图 3-15 为车载充电机（OBC）主电路拓扑结构示意图，由交流输入电压（L、N）、四个二极管构成的全波整流桥、两个并联的 DC/DC 升压转换器、输出滤波等构成。

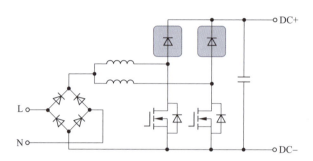

图 3-15　车载充电机主电路拓扑结构示意图

图 3-16 中主要包括：交流输入端、低压控制端、直流输出端。输出与控制主要借助四类信号：低压电源、CAN 总线控制、握手信号、直流输出电源等。具体需要查看产品说明书。诊断主要从这四类信号入手，交流输入电源可以取市电，CAN 总线控制可以用 CAN 卡 + 协议模拟，低压电源可以选用开关电源，握手信号也可以用继电器 + 电源构成。当然也可以用车载充电机专用检测仪器或者请专业公司进行维保。

图 3-16　某款车载充电机端子布局图

图 3-17 为某款多合一车载充电机实物图，具备四类交流接口、散热等。表 3-1 为车载充电机型号配置参数表。

图 3-17 某款多合一车载充电机实物图

表 3-1 车载充电机型号配置参数表

类型	简要说明	产品功率
单向 OBC	只给动力电池充电	3.3kW、6.6kW、11kW、22kW 等
双向 OBC	既能实现给动力电池充电，又能实现逆变功能	3.3kW、6.6kW、11kW 等
集成 OBC	二合一（OBC+DC/DC）/三合一（OBC+DC/DC+PDU）	6.5kW+2.5kW、11kW+31kW 等

图 3-18 为车载充电机主电路控制模块拓扑结构示意图，交流 50Hz、220V 电压输入主电路和辅助电源，主电路经冲击电流限幅、输入滤波、整流滤波、逆变、整流滤波。控制电路包括：保护电路、检测比较放大、时钟振荡器、PWM 电路、驱动电路等。车载充电机故障来源主要包括主电路功率器件、保护部分、高频变压器、刷程序、端子更换、控制器壳体更换等，维修车载充电机需要有专业知识及有关测试软件、工具、设备等。

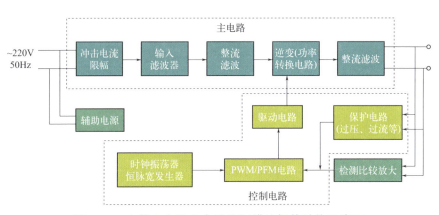

图 3-18 车载充电机主电路控制模块拓扑结构示意图

图 3-19 为车载充电机（OBC）主电路控制结构示意图。主电路：交流输入经过 EMI（电磁干扰）电路、整流电路、逆变电路、LC 滤波电路、EMI 电路，直流

输出。控制电路包括：交流检测、APFC 控制、PWM 控制、监控单元、PID 调节、均流控制、直流检测等。

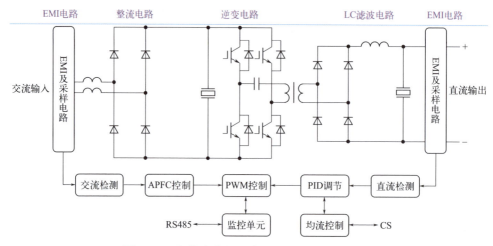

图 3-19　车载充电机主电路控制结构示意图 1

图 3-20 为某款车载充电机模块标注示意图，主要由 PFC 电路、逆变电路、整流电路、EMI 电路、LC 滤波电路等构成。车载充电机故障主要包括：PFC 电路故障、逆变电路故障等。具体故障需要具体分析，获得有关资料对故障检测、维修更有帮助。

图 3-20　某款车载充电机模块标注示意图 1

图 3-21 为某款车载充电机模块标注示意图，主要由交流输入 [L（火线）、N（零线）]、EMI 抑制模块、控制板、PFC 电路、电容、DC/DC 隔离模块、输出滤波、高压输出（DC+ 与 DC-）等构成，具体故障需要具体分析。

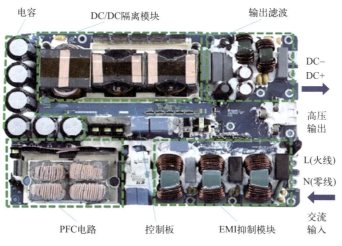

图 3-21　某款车载充电机模块标注示意图 2

3.3　高压配电盒模块分析

图 3-22 为高压配电盒布局示意图，里面主要由高压继电器、熔断器（俗称保险丝）、连接片、控制板、预充电电阻、端子等构成。保险丝的故障一般可以通过观察并借助万用表的短路检测挡（最小电阻挡，短路时会发声提示）来检测，预充电电阻也可以用万用表的电阻挡检测，如 50Ω 电阻的检测。同理，对于高压继电器可以用万用表的电阻挡检测阻值或者是通断来判断好坏，端子的高压互锁检测、损坏等也需要判断。

图 3-23 为某款新能源客车高压配电盒实物图，接口主要包括：手动维修开关、

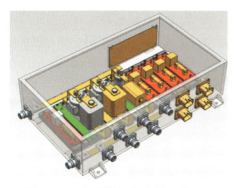

图 3-22　高压配电盒布局示意图

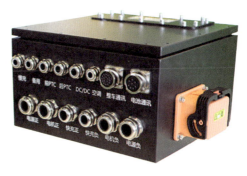

图 3-23　某款新能源客车高压配电盒实物图

慢充、快充、前PTC、后PTC、DC/DC、空调、整车通讯、电池通讯、电源正、电机正、快充正、快充负、电机负、电源负等。

图3-24为某款新能源汽车高压配电盒设计示意图，主要包括：预充电电阻R1，直流高压继电器K1、K2、K3、K4，50A保险F1、100A保险F2、10A保险F3、30A保险F4、50A保险F5，以及低压控制端子、高压接线端子等。

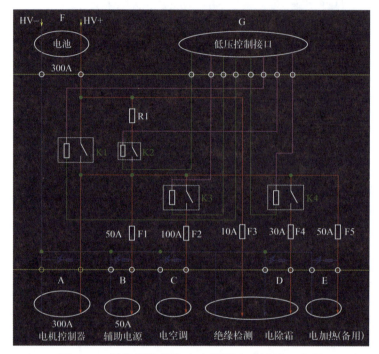

图3-24 某款新能源汽车高压配电盒设计示意图

图3-25为新能源汽车直流高压继电器的实物图，电池中间的手动维修开关用保险丝来表示，负极由主负接触器（直流高压继电器）控制负极的开合，正极由主正接触器（直流高压继电器）控制正极的开合。正极由预充电电阻、预充电继电器控制预充电回路的闭合与断开，上电时，先启动预充电继电器来控制预充电回路的闭合充电时间与电压。例如，10ms左右，预充电电压达到总电压的90%，表示预充电成功，主正接触器闭合，然后断开预充电继电器；预充电不成功则不能够闭合主正接触器，高压系统不能够上电。预充电系统故障、预充电不成功、高压系统不能够上电是常见的故障，而且很难用诊断仪

图3-25 新能源汽车直流高压继电器

读出故障，需要根据经验判断。下电时，整个过程则相反。

图 3-26 为某款新能源汽车高压配电盒模块布局示意图，图中标注出了有关模块的位置，如开盖互锁接触端子（主要作用是开盖后泄放高压配电盒中电容储存的电量，保护检修人员。但是要注意，该开盖互锁接触端子及有关回路也可能发生故障，开盖后需要用万用表测量高压配电盒，测量高压输出端子、连接片、电容等的两端电压，确保高压安全）、预充电继电器、霍尔电流传感器、空调 30A 保险丝、充电 32A 保险丝、空调 30A 保险丝座、充电 32A 保险丝座、预充电电阻、电机正极接线柱、电机负极接线柱等。各自对应的故障需要采用相应的方法检测。

新能源汽车配电盒常用保险丝如图 3-27 所示。

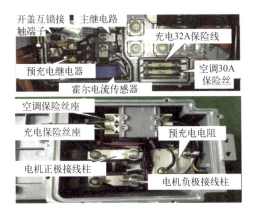

图 3-26　某款新能源汽车高压配电盒模块布局示意图

图 3-27　新能源汽车配电盒常用保险丝

随着车辆的轻量化、小型化、集成化等的发展，多合一的趋势越来越明显。图 3-28 所示为某款三合一产品实物图［DC/DC 变换器、车载充电机（OBC）、高压配电盒（PDU）］，相关参数如表 3-2 所示。而且还有其与电机控制器、变速箱控制器、电机、变速箱等的集成产品出现。

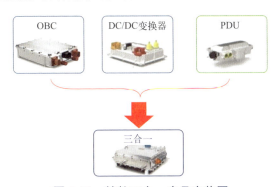

图 3-28　某款三合一产品实物图

表 3-2 某款三合一产品参数表

	固定方式	安装到车身上（5×M10×25）
	三合一	OBC，DC/DC 变换器，PDU
	质量	35kg
	尺寸（长×宽×高）	720mm×215mm×300mm
	冷却方式	液冷
车载充电机	输入电压范围	90～264V AC
	输出电压范围	200～450V DC
	最大输出电流	20A
	最大输出功率	6.6kW
DC/DC 变换器	额定输入电压	350V DC
	输入电压范围	200～450V DC
	额定输出电压	14.5V DC
	输出电流	172A（额定），210A（峰值）
	输出功率	2.5kW（额定），3kW（峰值）

3.4 绝缘电阻测试

检测高压部件的绝缘电阻时，应在断开动力电池维修开关、低压蓄电池负极的前提下进行，充电时还需要断开充电插头。

对于 DC/DC 变换器、空调控制器、车载充电机、电机控制器、动力电池等需要进行绝缘电阻测试。绝缘电阻测试方法：对于 DC/DC 变换器、空调控制器、车载充电机、电机控制器等，绝缘电阻测试仪用 500V 挡（1000V 的检测电压下则用 1000V 挡），用绝缘电阻测试仪进行读数并与设计参数进行对比来确定绝缘是否失效。对于动力电池绝缘电阻测试，其原理和测试步骤略有不同。图 3-29 为绝缘

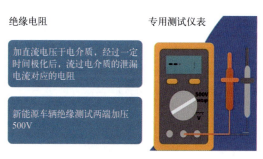

图 3-29 绝缘电阻测试方法示意图

电阻测试方法示意图。

图 3-30 为电机控制器绝缘电阻测试方法示意图，绝缘电阻测试仪用 500V 挡测试，绝缘电阻测试仪表笔分别连接 DC+ 与外壳、DC- 与外壳进行测试。图中，DC- 与外壳进行绝缘电阻测试，阻值是 4.2MΩ。

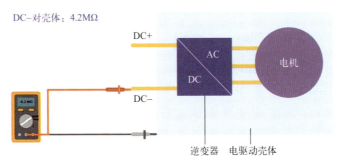

图 3-30　电机控制器绝缘电阻测试方法示意图

图 3-31 为动力电池利用本体电池进行绝缘电阻测试原理示意图，利用动力电池（V_{bat}）作为电源，通过正极的电阻（R_p）、负极的电阻（R_n）、壳体构成回路，R_p、R_n 串联分压，其正极的电压为 $U_1=U_{10}=V_{bat}R_p/(R_p+R_n)$；同理，负极的电压为 $U_1'=U_{11}=V_{bat}R_n/(R_p+R_n)$。同时增加标准电阻 R_0，正极的电阻 R_p 与 R_0 并联，其正极的电压为 $U_2=U_{20}=V_{bat}(R_p//R_0)/[(R_p//R_0)+R_n]$；同理，负极的电压为 $U_2'=U_{21}=V_{bat}R_n/[(R_p//R_0)+R_n]$。由上面的计算过程，根据欧姆定律可以求出 R_p、R_n：$R_p=(U_2'/U_2-U_1'/U_1)\times(U_1/U_1')\times R_0$，$R_n=(U_2'/U_2-U_1'/U_1)\times R_0$。

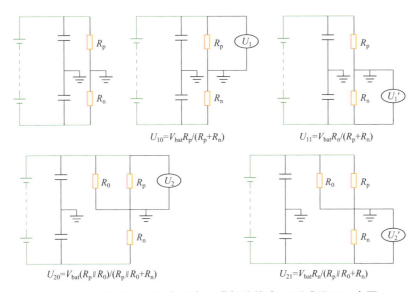

图 3-31　动力电池利用本体电池进行绝缘电阻测试原理示意图

图 3-32 为利用绝缘电阻测试仪进行动力电池绝缘电阻测试示意图，拨到 500V 电压挡，分别进行 HV+ 与外壳、HV- 与外壳测试，按操作步骤操作，然后直接读数即可。

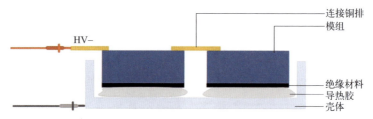

图 3-32 利用绝缘电阻测试仪进行动力电池绝缘电阻测试示意图

图 3-33 为整车高压系统绝缘电阻测试示意图。整车高压系统各绝缘电阻之间是并联关系，所有并联电阻中取阻值小的电阻值，所以整车高压系统只要有绝缘电阻偏小，就能够检测出来。

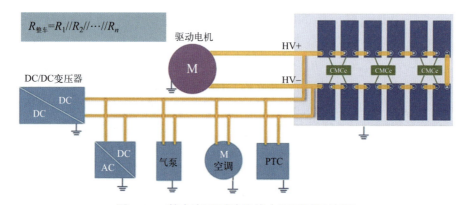

图 3-33 整车高压系统绝缘电阻测试示意图

第 4 章

新能源汽车控制器

 4.1 新能源汽车控制结构

目前新能源汽车主要分为纯电动汽车、混合动力汽车、燃料电池汽车三种，图 4-1 为纯电动汽车驱动系统结构布局示意图，图 4-2 为混合动力汽车驱动系统结构布局示意图，图 4-3、图 4-4 分别为纯电动汽车、混合动力汽车能量回收示意图。

图 4-5 为整车高低压电气控制系统结构布局示意图，主要包括：整车控制器（VCU）、PTC、电机控制器、电动压缩机、充电机、动力电池等。

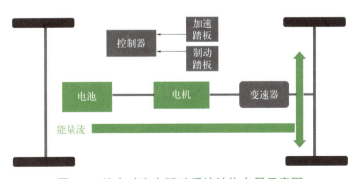

图 4-1　纯电动汽车驱动系统结构布局示意图

053

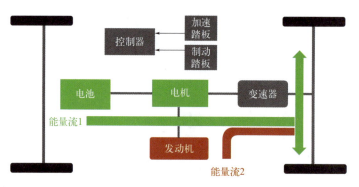

图 4-2　混合动力汽车驱动系统结构布局示意图

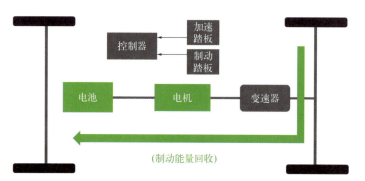

图 4-3　纯电动汽车能量回收示意图

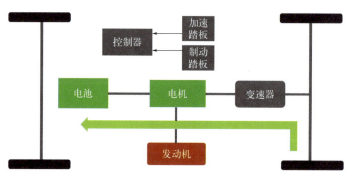

图 4-4　混合动力汽车能量回收示意图

图 4-6 为整车高低压电气控制系统结构布局框图。电路概况：

充电：从充电端进入整车控制器再转回动力电池，或者直接进入动力电池。

空调系统：由动力电池输出到高压配电系统，再输出到空调系统。

驱动电机：由动力电池输出到高压配电系统，再输出到驱动电机。驱动电机可以返充给动力电池。

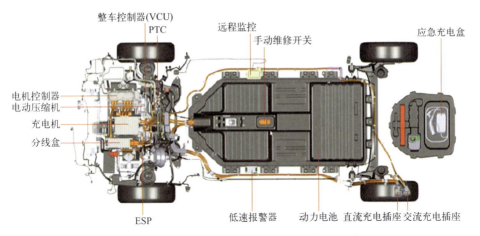

图 4-5 整车高低压电气控制系统结构布局示意图

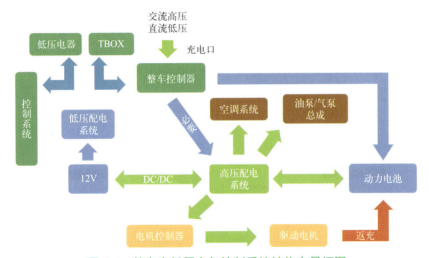

图 4-6 整车高低压电气控制系统结构布局框图

低压配电系统：由动力电池输出给高压配电系统，经过 DC/DC 变换器转化为 12V 电压充电，进一步驱动低压电器、整车控制器、控制系统、TBOX。

注意事项：所有高压设备运行都需要低压部分的控制器输出控制信号。

上电：先上弱电，再上强电；下电：先下强电，再下弱电。由于逻辑信号得不到保障，故高压控制系统经常损坏。在维修新能源汽车时，需告知用户在正常维修时遇见的后果，可能造成其他总成的损坏。

电动机驱动轮转动可以用来检测电机线路是否有信号，但不能完全诊断好坏。

低压部分出现故障，蓄电池有电，但是在使用过程中可能逐渐亏电；如果低压电池没有问题，需检查 DC/DC 变换器是否有输出、前后端的线路保险丝是否损坏、高压端子连接是否可靠等。图 4-7 为部分高压电器结构示意图。

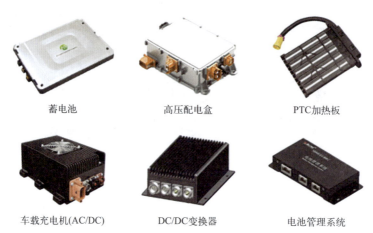

图 4-7　部分高压电器结构示意图

4.2　新能源汽车控制器钥匙启动过程故障判断

图 4-8 为整车通过钥匙对动力电池包进行接线控制示意图。使用钥匙启动，车辆没有反应，首先查看 DC 12V 是否有电、保险丝是否完好，如果以上没有问题，判断是否是 ON 挡继电器的问题，需要进一步查找并确认。如果是继电器损坏，问题大多在于触点或线圈。

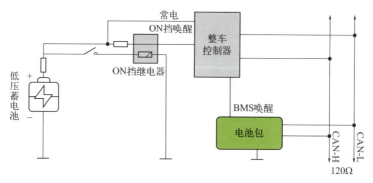

图 4-8　整车通过钥匙对动力电池包进行接线控制示意图

CAN 总线连接着电池与 BMS（电池管理系统），用于传送采集到的电池的各项数据和指标。CAN-H 与 CAN-L 之间在正常情况下有 120Ω 电阻，如果不正常，可能有故障存在。

如果电池包从整车拆卸下来了，用钥匙在车辆上控制不了动力电池，此时需要单独控制电池包。例如，电池包接地端接地，电池包低压电源接上 12V 电源、接上 CAN 盒，再通过上位机，连上电脑，就可以查看整个电池的数据，对动力电池包进行离车诊断并修复。

4.3 新能源汽车控制器 CAN 总线基础

图 4-9 为 CAN 总线差分信号、显性位、隐性位逻辑判断图。CAN 高即 CAN_HIGH（或写作 CAN-H、CANH、CAN-HIGH 等形式），CAN 低即 CAN_LOW（或写作 CAN-L、CANL、CAN-LOW 等形式），CAN 总线是通过差分信号进行传输的。

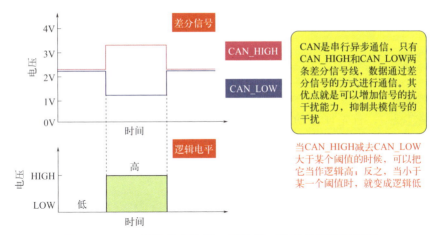

图 4-9　CAN 总线差分信号、显性位、隐性位逻辑判断图

图 4-10 为 CAN 总线差分信号、显性位、隐性位及逻辑电平图。差分信号大于某一阈值表示 HIGH，同时对应的是显性位，用逻辑电平 0 表示；差分信号小于某一阈值表示 LOW，同时对应的是隐性位，用逻辑电平 1 表示。一般 CAN_HIGH 电平在 3.5 ~ 2.5V、CAN_LOW 电平在 2.5 ~ 1.5V。

图 4-11 为 CAN 节点连接示意图。CAN 节点分别对应连接在 CAN 总线 CAN_HIGH、CAN_LOW 上；CAN 收发器主要实现 CAN 总线电平的转换；CAN_TX、CAN_RX 分别与 CAN 控制器的对应端口进行连接且电平是 TTL 电平；CAN 控制器可以集成在 MCU 控制器上，也可以是单独的 CAN 控制器协议芯片。图 4-12 为

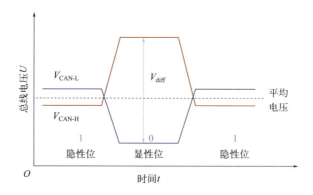

图 4-10 CAN 总线差分信号、显性位、隐性位及逻辑电平图

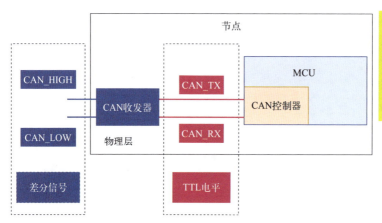

图 4-11 CAN 节点连接示意图 1

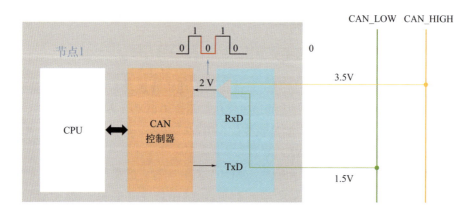

图 4-12 CAN 节点收发器、控制器连接示意图

CAN 节点收发器、控制器连接示意图。图 4-13 中有多个节点的连接关系。CAN 总线安全设计：根据 VCU 的 CAN 总线的驱动、EMC、可靠性等设计要求，选用 CAN 收发芯片 TJA1051T 及 EMC、可靠性设计等部分。确保硬件设计的安全可靠，在故障诊断时需要依逻辑驱动关系测试其好坏，以便准确判断故障位置。

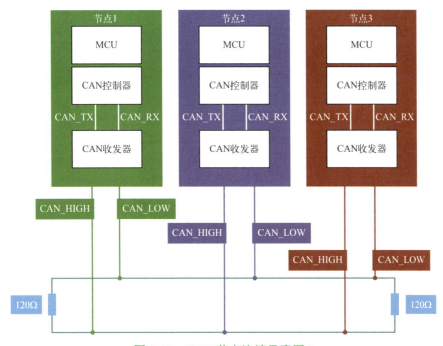

图 4-13　CAN 节点连接示意图 2

图 4-14 为 CAN 节点硬件可靠性设计示意图，画出了硬件的基本设计部分。

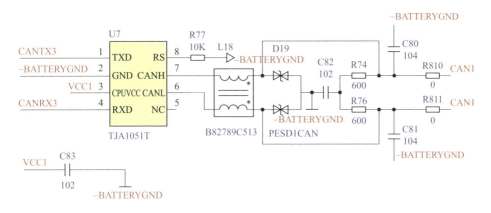

图 4-14　CAN 节点硬件可靠性设计示意图

4.4 新能源汽车 TBOX 基础

汽车 TBOX（或者是 tbox、Tbox、TBox、T-Box 等表达）与主机通过 CAN 总线、以太网等总线通信，实现指令与信息的传递，从而获取车辆状态、按键状态等信息，以及传递控制指令等；通过音频连接，实现双方共用麦克风与喇叭输出。例如，手机 APP 是通过后台系统以数据链路的形式进行间接通信（双向）。TBOX 与后台系统通信，还包括语音和短信两种形式，使用短信形式主要实现一键导航及远程控制功能。

图 4-15 为某款 TBOX 基本功能架构图，主要包括：基础通信（通信模组、蓝牙模块、GPS 模块）、CC 呼叫中心对接、云端对接（远程控制、大数据上报、日志查询、远程配置、消息推送、预约出行）、电源管理、本地诊断、远程诊断、云守护、CAN 测试等。

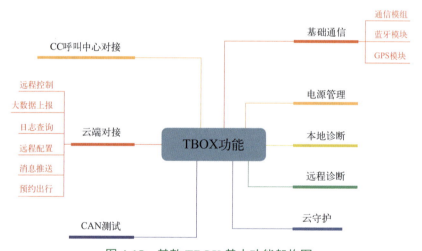

图 4-15 某款 TBOX 基本功能架构图

TBOX 是车联网系统的组成部分，是车载的终端，车辆在出厂前就将这个终端给安装好了。车辆联网需要通过 TBOX 这个控制器，起到远程控制的功能。TBOX 能将车辆的信息传送给后台，后台会下达指令和最终的结果。TBOX 将这些指令和结果发送到手机上，这样在手机上也能实时查看车辆的信息，非常智能和方便。

TBOX（含安全硬件 SE 卡）在云端安全远程升级服务平台与车辆控制系统之间进行桥接，如中央网关、各个链路总线，以及链路总线上的电子控制器（ECU）。

汽车 TBOX 的部分功能如下：

① 远程控制。用户可以通过手机 APP 实现控制门开关、鸣笛闪灯、开启空调、启动发动机、车辆定位等功能。通过使用这些功能，车辆的使用不仅方便许多，而且还可以节约用户很多时间。

如在夏日和冬季，在上车前几分钟提前开启空调制冷或者制热，这样用户就可以不用等待，上车时车内就下降或上升到舒适的温度，让用户真正体验到"入车即享冬暖夏凉"。

车主在冬天的时候还可以使用远程启动功能进行热车，车辆被盗时可以远程关闭发动机。

如果车主将钥匙忘记在车内，或者不确定是否锁了车门，又离车辆很远，可以通过手机 APP 远程控制开锁和关锁；在大型停车场也不用再害怕找不到车，只需用手机通过 APP 查看车辆的定位，了解大致方向，再控制车辆鸣笛、闪灯就可以知道车辆的具体位置。

② 远程查询。通过手机 APP 就可以实现车辆状态远程查询，如车辆油箱里还有没有油，车窗、车门有没有关牢，电池电量还有多少、够不够用，还可以行驶多久等等。非常全面的车辆状态信息都能在手机上看到，不用自己现场勘查。如果出现问题，用户也可以使用手机一目了然地查询到。

同时手机 APP 还可以自助诊断车况，查看各个系统有没有问题，要是某个系统出现问题，APP 端就会报警提醒。跑长途的用户也不用自己逐一检查，可以直接使用手机 APP 查询车辆状况。

③ 安防服务功能。这一项主要是针对行车安全和防盗而设计的，包含了路边救援协助、紧急救援求助、车辆异动自动报警、车辆异常信息远程自动上传等服务。这些功能意义非凡，关键时刻甚至可以救命。

例如碰撞自动求救功能：车辆碰撞触发安全气囊后，TBOX 会自动触发乘用车客户救援热线号码，自动上传车辆位置信息至后台，同时后台将发信息给所有紧急联系人，短信中包含事故位置信息及事件信息，让事故车辆和人员得到及时的救援。

如图 4-16 所示，TBOX 与安全远程升级服务平台进行通信，上行、下行都要有安全保障，安全硬件 SE 卡就是其中的一个主要安全措施。借助于远程升级服务平台，车辆的 ECU 都可以进行部分或者全部升级。

图 4-17 为某款 TBOX 产品爆炸图。

图 4-18 为某款 TBOX 电路板模块图，主要包括：WiFi 天线、4G 天线、GPS 天线、USB OTG 接口、电源/通信/控制接口、GPS 模块、蓝牙音频模块等。

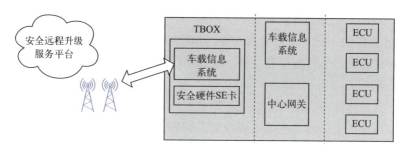

图 4-16　TBOX（含安全硬件 SE 卡）ECU 升级架构图

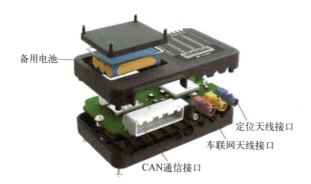

图 4-17　某款 TBOX 产品爆炸图

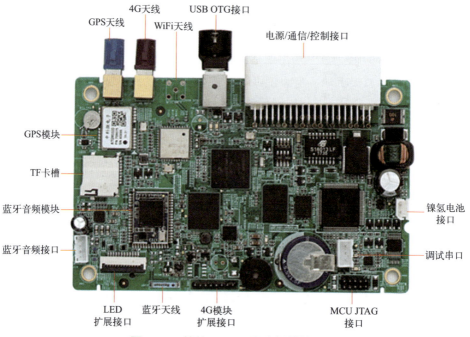

图 4-18　某款 TBOX 电路板模块图 1

图 4-19 为另一款 TBOX 电路板模块图，主要包括：WiFi 模组、2G/NB 模组、RS232、DC 电源、4G 模组及供电 LDO、KLINE 线、CAN IC 芯片、音频 PA 等。

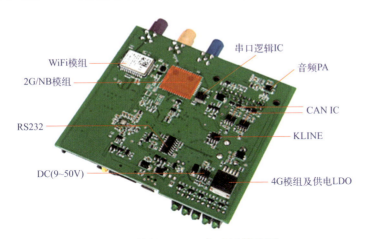

图 4-19　某款 TBOX 电路板模块图 2

表 4-1 所示为某款 TBOX 技术参数。

表 4-1　某款 TBOX 技术参数表

技术参数		要求
电气特性	供电方式	汽车电池供电
	工作电压范围	9～36V；满足汽车电子测试标准 ISO 7637 要求
	工作电流范围	20～50mA
	待机电流	3mA
	工作温度范围	−30～70℃
	防护等级	IP54
GSM 特性	通信频率	850MHz/900MHz/1800MHz/1900MHz
	SIM 卡工作电压	1.8V 和 3.0V
	GSM 天线	外置 GSM 天线
	冷启动时间	≤32s
	热启动时间	≤1s
GPS/BD 定位特性	灵敏度（跟踪）	−160dBm
	GPS/BD 天线位置	外置 GPS 天线
	GPS/BD 天线检测	支持天线开路和短路检测
外部接口	输入输出控制	2 路 CAN 通信接口
产品寿命	使用寿命	>3 年
	使用次数	不限
外形尺寸	主机尺寸	长 90mm，宽 90mm，高 27mm
	外壳材质	ABS 材质

TBOX 故障是否可以自行恢复，需要针对代码类型判断：

① 车辆行驶过程中瞬间检测到的故障，若是临时故障码，可以自主恢复。这可能是驾驶员操作不合理造成的，待车况恢复后故障会自主排除。

② 如果是永久性故障码，请到 4S 店或修理厂排除故障。

TBOX 故障显示如图 4-20 所示。

图 4-20　TBOX 故障显示

4.5　新能源汽车控制器基本功能及相关图示

整车控制器（VCU）基本功能：

① 停车：当车辆处于停车状态时，系统的主继电器断电，系统中各个总成基本停止运行，少数车辆的 TBOX 可以工作。

② 启动：汽车钥匙从 ACC 挡到 ON 挡位置，这时系统中各个总成根据设计要求进入自检状态，整车控制器通过采集各个节点信号确认车辆准备就绪。

③ 运行：汽车钥匙到 START 挡，脚踩加速踏板，整车控制器向电机控制器发送准备运行指令；电机控制器准备就绪后发出回馈信号，整车控制器收到电机控制器反馈就绪指令后，闭合主继电器，进入行车程序。

④ 前进、后退：整车控制器通过采集驾驶员的意图，结合当前车辆的功率要求和电池的状态并计算，向电机控制器发出信号；电机控制器接收到方向信号和驱动转矩给定值信号后，控制电机进入运转状态，并根据方向信号确定电机的转动方向，根据驱动转矩给定值信号确定电机输出转矩的大小，控制电机的输出功率以实现动力性为目标，实现车辆前进或后退。

⑤ 制动回馈：当整车采集到加速踏板回零且制动踏板处于回馈制动区的信息时，整车控制器结合动力电池、电机制动力矩估计、制动法规等发送符合回馈制动要求的负转矩信号给电机控制器；电机控制器控制电机进入发电程序，电池管理系统（BMS）进入电池回馈管理程序，实现制动能量回收。

图 4-21 为整车控制器及系统主要控制架构示意图，主要包括：整车控制器、电机控制器、电池控制器、CAN 线、电脑及整车控制器上位机软件。

图 4-22 为整车控制器及 MCU（电机控制器）的简单控制逻辑关系图，主要控制模块包括：上下电控制策略模块、起步控制策略模块、驱动控制策略模块、

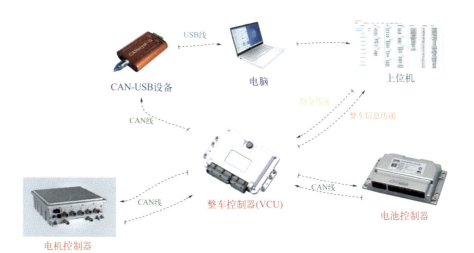

图 4-21　整车控制器及系统主要控制架构示意图

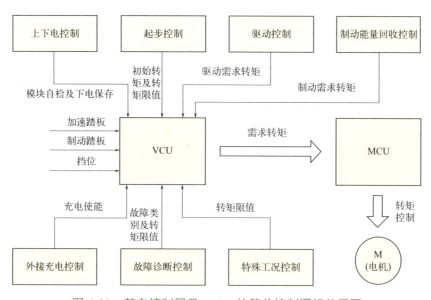

图 4-22　整车控制器及 MCU 的简单控制逻辑关系图

制动能量回收控制策略模块、外接充电控制策略模块、故障诊断控制策略模块、特殊工况控制策略模块。整车控制器通过 CAN 总线与 MCU 进行信息交互，控制电机的工作。

图 4-23 为整车控制器硬件输入、输出端口连接图，主要包括：车载电源、电源电路、输入端口、输出端口。输入端口主要包括：开关量输入（钥匙信号、挡位信号、充电开关、制动信号、其他信号等）、A/D 采集模块输入（制动踏板开度、

电池电压信号、加速踏板开度等）。输出端口主要包括：开关量（至继电器盒）输出、CAN 通信等。

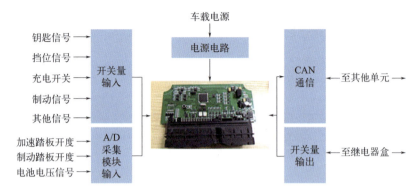

图 4-23　整车控制器硬件输入输出端口连接图

图 4-24、图 4-25 为新能源汽车整车控制器硬件图，由图可见输入、输出、电源芯片、CAN 驱动芯片、高边驱动芯片、低边驱动芯片、光隔离等基本部分。

图 4-24　某款新能源汽车整车控制器硬件图 1

图 4-25　某款新能源汽车整车控制器硬件图 2

图 4-26、图 4-27 为新能源汽车整车控制器模块硬件图，列出了主控芯片、辅助监控芯片、CAN 驱动芯片、高边驱动芯片、低边驱动芯片等基本部分。

一般故障状态：当检测到一般故障时，整车控制器会报警（报警灯闪烁，通过 CAN 总线发送相关的报警信息，通知其他的节点），整个系统降级、降功率运行。仪表显示相应故障代码。

重大故障状态：当检测到重大故障报警时（紧急情况下优先用紧急呼叫指令通知其他节点），必要时切断主继电器高压电源，系统停机、车辆停车。

故障处理的主要目的是保证车辆行驶的安全性、可靠性、稳定性。采用分级式故障处理策略，整体处理策略如下：

图 4-26　某款新能源汽车整车控制器模块硬件图 1

图 4-27　某款新能源汽车整车控制器模块硬件图 2

一级故障：需要切断高压的故障。VCU 接收到 MCU 或 BMS 上传的一级故障，或者 VCU 接收不到 CAN 网络上的全部信号，会报整车一级故障，快速降低转矩，同时发出切断高压的指令。一级故障必须重新上电才可恢复。

二级故障：禁止车辆行驶的故障。VCU 接收到 MCU 或 BMS 上传的二级故障，或者 VCU 与 MCU、BMS 等控制器出现通信故障，会报整车二级故障。此时电机无转矩输出，车辆将不能行驶。二级故障可以实时恢复。

三级故障：降功率的故障。VCU 接收到 MCU、BMS 上传的三级故障，或者 VCU 等控制器出现通信故障，会报整车三级故障，同时将限制 MCU 的输出转矩。

图 4-28 为某款新能源汽车 VCU 故障诊断测试面板图，可以借助该程序进行整车级别的故障诊断。

图 4-28　某款新能源汽车 VCU 故障诊断测试面板图

图 4-29 为整车控制器腐蚀部分示意图，图中圈出的地方是腐蚀后出现问题的地方。

图 4-29　整车控制器腐蚀部分（圈出部分）示意图

整车控制器常见故障还有：电源部分故障、输入保护部分故障、CAN 总线通信故障等。

4.6　新能源汽车常见故障指示灯

新能源汽车仪表故障灯跟传统燃油车是有区别的。新能源汽车与传统汽车相比多出了一些其他类型的状态指示灯。图 4-30、图 4-31 所示为新能源汽车仪表及相关指示灯实例，如驱动挡位显示、动力系统故障指示灯、电池故障指示灯、剩余电量 SOC 指示灯、电机功率指示灯等。

图 4-30　新能源汽车仪表及相关指示灯实例 1

图 4-31　新能源汽车仪表及相关指示灯实例 2

图 4-32 为新能源汽车相关指示灯实例图，具体介绍如下。

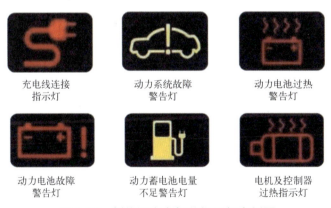

图 4-32　新能源汽车相关指示灯实例图

① 充电线连接指示灯：充电枪插入后，仪表显示黄色加油指示灯（充电确认指示灯）点亮，代表车辆与充电枪自检、互检正常，可以进行充电；仪表显示红色插头指示灯（充电连接指示灯）点亮，代表车辆与充电枪连接成功。具体设计上，不同车辆有所不同，但是基本都有上述的充电连接确认、正常充电两个状态。如

果充电连接确认有故障,就需要进行连接信号、充电枪开关等方面的检测与维修;如果充电连接确认没有故障,但不能够正常充电,则需要查询动力电池系统、有关保险、充电温度传感器(是否高温报警),以及充电费用等问题。

② 动力系统故障警告灯:亮灯的可能原因包括电机驱动控制器、动力电池系统、变速箱等有关故障。

③ 动力电池过热警告灯:相关故障包括动力电池系统散热故障或者动力电池系统本身有问题(如老化、温度传感器等问题)。

④ 动力电池故障警告灯:动力电池故障警告灯主要提示动力电池系统级别的故障。如电池管理系统电源、电压采集、CAN 通信、模块内部通信、电流传感器、温度传感器、过温、输入输出端口相关保护等问题,需要进一步排查。可以按整车电路逻辑顺序进行排查或者借助诊断仪排查。

⑤ 动力蓄电池电量不足警告灯:主要提示电池电量比较低,需要进行充电。有些动力系统电量太低时快充、慢充都无法充电,此时需要借助可编程高压电源对动力电池进行激活充电(拆卸掉电池管理系统,用电源直接充电,待电量上来以后需要恢复原来状态进行充电。此操作需要由专业人士进行)。

⑥ 电机及控制器过热指示灯:亮灯原因可能是电机及控制器散热系统故障、电机本体故障、电机控制器模块故障等,需要进一步排查。

图 4-33 为新能源汽车动力系统相关指示灯图。列举出几个容易混淆的故障:

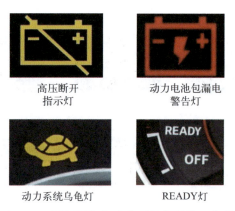

图 4-33 新能源汽车动力系统相关指示灯图

① 高压断开指示灯。相关故障如:手动检修开关没有插上,或者是手动检修开关中的保险丝烧坏、动力电池连接端子断开、动力电池输出保险丝烧坏、直流高压继电器损坏,以及动力电池对外无法输出电能、高压端子没有可靠连接、高压端子互锁问题等故障。

② 动力电池包漏电警告灯:线束没有得到很好的绝缘处理、电芯老化漏液、

高压端子有与壳体接触风险、电池包进水等问题。

③ 动力系统乌龟灯：车辆故障主要是电量不足、动力系统轻微故障等，此时车辆限速限功率行驶，需要进一步确认具体故障。

④ READY 灯：行车 READY 灯亮表示可以挂挡、踩油门启动车辆进入行驶阶段；如果行车 READY 灯不亮或者是红色（不同车辆情况可能不同），需要进一步确认故障。如预充电系统有问题，车辆无法启动且市面上的诊断仪 80%～90% 没有显示故障码，需要分析、检测有关故障点。

4.7 新能源汽车诊断仪

图 4-34、图 4-35 为两款新能源汽车诊断仪界面示意图。图 4-34 中主要包括：智能诊断、传统诊断、ADAS（诊断）、诊断记录、软件升级、特殊功能、远程诊断、诊断反馈、维修资料、可测车型等。

图 4-34 新能源汽车诊断仪界面示意图 1

图 4-35　新能源汽车诊断仪界面示意图 2

图 4-36 为某款新能源汽车诊断云平台架构示意图，其主要功能如下。

图 4-36　某款新能源汽车诊断云平台架构示意图

① 蓝牙操控。无线通信版配置有蓝牙连接，维修人员坐在办公室就可通过蓝牙对车辆进行测试。同时，VGA 接口可满足用户的不同需求。对所有的测试程序，客户均可以一键升级下载，无须插卡，更快捷方便。

② 测试功能。涉及整车控制器（VCU）、电机控制器（MCU）、电池管理系统（BMS）、空调系统（EAC）、防抱死刹车系统（ABS）、车载充电机（OBC）等。

③ 诊断过程：

a. 读故障信息：读取 VCU 中存储的故障码。

b. 读数据流信息：读取车辆运行信息，如整车电机是否启动，以及电机的温度、加速踏板的开度、制动踏板的开度、挡位信号、车速等相关信息参数。通过这些参数，直接判断是哪些方面出现了问题，在进行维修时就缩小了范围。

④ 云端报告。诊断仪生成诊断报告并上传至云端后台，在电脑上登录系统管理后台或使用手机下载应用程序，可直接查看已保存的诊断文件（如诊断过程中数据流或故障码的报告、产生的图片等文件），还可查看设备测试过哪些车型。报告分 PDF、图片、数据回放三个部分，全方位还原诊断现场。

⑤ 远程协助。维修师傅在维修过程中遇到问题，不知如何解决时，可利用设备应用寻求远程协助，邀请对方技师进行远程控制和协助，节省了不必要的时间成本。

表 4-2 所示为某款汽车诊断仪产品参数等信息。

表 4-2 某款汽车诊断仪产品信息

项目	内容
操作系统	Windows CE
CPU	ARM9+ARM7 双处理器
存储	2G SD 存储卡（4G）
通信端口	OBD、USB、Ethernet
输入电压	8.0～18.0V 车用电源
功率	24W
工作电流	350mA
显示屏	7 英寸[①]800×480 像素真彩 TFT 宽屏
工作温度	0～60℃
存储温度	-10～70℃
操作方式	触摸屏
打印端口	WiFi、USB、Ethernet
外壳	坚固 ABS 外壳 +ABE 保护套
尺寸	282mm×163mm×60mm
质量	约 2kg
支持协议	ISO 9141-2、K/L lins、闪光码、SAE-J1850 VPW、SAE-J1850 PWM、CAN、ISO 11898、ISO 15765-4、高速、中速及低速 CAN

① 英寸，即 in。1in=2.54cm。

诊断仪可以对整车主要故障器起辅助检测作用，但是还需要有基本的维修逻辑关系。表 4-3 给出了整车诊断关键顺序供大家参考。DC 12V 电源来源于动力电池经过 DC/DC 变换器对低压电源的补充，低压电源是各种控制系统工作的保证，所以没有低压就没有高压的输出。极少数控制器是从高压输入直接转换为低压的。

表 4-3　整车诊断关键顺序表

序号	操作
1	12V 电源检测
2	DC/DC 充电器（或者叫 DC/DC 变换器等）及稳压检测
3	刹车压力检测
4	CAN 总线通信检测
5	预充电故障检测
6	高压互锁故障、电池故障、电机故障等检测
7	电池绝缘、内阻、均衡电路等检测后再进行电池均衡

以下提供一些基本诊断检测方法：

检测 12V 电源，以及蓄电池是否有电压。汽车在道路上，钥匙打到 ACC 挡，打开仪表、雨刷、喇叭、大灯、收音机、车窗等传统电器进行测试，如果有反应，证明直流 DC 12V 没有问题（仪表、大灯不是很亮，说明蓄电池可能电量不足）；如果全部没反应，就是蓄电池有问题。

汽车在行驶过程中，突然没有动力，在排除动力系统、电池系统故障的可能性后，将钥匙打到 ACC 挡，12V 电源检测中雨刷、喇叭、大灯都没有反应，如果电池没有损坏，则最可能的原因是 DC/DC 电压变换器及其线束保险丝故障，需要进一步排查。

关于蓄电池故障，主要有两个原因：

① 蓄电池本身故障，储能下降：蓄电池的检测比较简单，只要有专用检测仪或高频放电计就可以确定蓄电池的性能。

② DC/DC 系统故障，无法给蓄电池充电：新能源汽车是利用动力电池的高压直流电，通过 DC/DC 变换器转换成低压直流电给其他低压电器供电，同时给蓄电池充电。当整车电器的使用功率大于 DC/DC 变换器输出功率时，蓄电池协助 DC/DC 变换器供电而满足电能的需求。从以上检查过程可以看出，DC/DC 检查的主要内容是检查其本身是否能正常工作，其次是检查高压直流电源输入和低压输出的电路。

第 5 章

新能源汽车电机及电机控制器

 新能源汽车电机基本分类及特点

图 5-1 为某款新能源汽车双电机布局示意图，电机布置在前后两个部位。

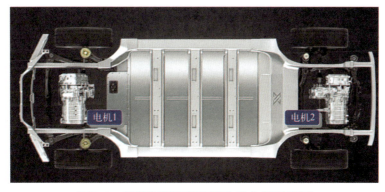

图 5-1 某款新能源汽车双电机布局示意图

① 直流驱动电机。直流驱动电机调速性能好，启动转矩大，控制简单，控制器成本低，但功率密度低，质量、体积较大，电机内部电刷和转向器等零件容易磨损，可靠性不高，维修保养周期短，维修保养难度大，因此直流驱动电机在电动汽车中的使用率越来越低。

② 交流感应驱动电机。交流感应驱动电机构造简单，结构坚固，可靠性好，维护起来也非常简单。但交流感应驱动电机不能直接使用直流电驱动，需要使用功率变换器，将直流电转变为频率和幅值可调的交流电，而功率变换器会造成高次谐波和噪声，并且功率转换器成本高。交流感应电动机因励磁电流的存在，工作电流大，能量利用率低于永磁电机。所以交流感应驱动电机在国内电动汽车上的使用率也不高。

③ 交流永磁同步驱动电机。交流永磁同步驱动电机转子部分为永磁体，无励磁线圈，转子结构相较于感应电机更加坚固，体积更小，结构更为简单且无励磁损耗，效率高，电机功率密度大，质量和体积小。脉动小，震颤也较轻，也不易产生噪声，声音较微弱，同时它有较宽的弱磁范围与高转矩过载性能。

④ 开关磁阻驱动电机。开关磁阻驱动电机构造非常简单，可靠性非常高，允许出现差错的范围也很大，且控制简单、控制器成本低。但是，在实际使用中开关磁阻驱动电机会产生很大的噪声，设计和控制复杂，导致极少有汽车采用这种驱动电机。

多种驱动电机的优缺点与主要参数对比如表 5-1、表 5-2 所示。

表 5-1　多种驱动电机的优缺点对比

优缺点	直流驱动电机	交流感应驱动电机	交流永磁同步驱动电机	开关磁阻驱动电机
优点	控制简单，只用电压控制，不需要检测磁极位置，小容量系统造价低	结构简单，造价低廉，可高速运行，调速范围大，转动惯量小，维护简单，技术成熟	体积小，重量轻，功率密度大，低速输出转矩大，效率高，维护简单	结构简单，牢固，效率高，启动转矩大，价格低，免维护
缺点	有整流电刷，结构复杂，不适合高速、大转矩运行，效率低，适应性差，维护难，容量增大时造价大幅增加且制动困难	控制复杂，容量小时效率降低，制动困难	高速运行较复杂，需检测转子磁极位置，永磁体有退磁问题，造价较高	噪声大，输出转矩脉动大

表 5-2　多种驱动电机的主要参数对比

项目	直流驱动电机	交流感应驱动电机	交流永磁同步驱动电机	开关磁阻驱动电机
比功率	低	中	高	较高
峰值效率 /%	85～89	94～95	95～97	90
负荷效率 /%	80～87	90～92	85～97	78～86
功率因数 /%		82～85	90～93	60～65
转速 /(r/min)	4000～6000	12000～15000	4000～10000	可大于 15000

续表

项目	直流驱动电机	交流感应驱动电机	交流永磁同步驱动电机	开关磁阻驱动电机
可靠性	一般	好	优良	好
结构的坚固性	差	好	一般	优良
电机外廓	大	中	小	小
电机质量	大	中	小	小
电机成本/(美元/kW)	10	8～12	10～15	6～10
控制操作性能	最好	好	好	好
控制器成本	低	高	高	一般

图 5-2 所示为电机交叉式绕组线圈，图中体现了 24 槽电机三相绕组的分布情况，其中画出了 A 相的线圈组 I（槽 1、槽 7，槽 2、槽 8）、线圈组 II（槽 13、槽 19、槽 14、槽 20），以及它们的进线 A 端、连接线、出线 X 端，并且给出了绕组对应的磁极 N、S 位置关系。

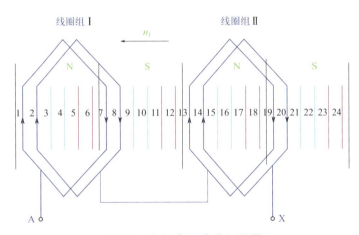

图 5-2 电机交叉式绕组线圈

图 5-3 所示为电机链式绕组线圈，图中体现了 24 槽电机三相绕组的分布情况，其中画出了 A 相的线圈组 I（槽 2、槽 7、槽 8、槽 13）、线圈组 II（槽 14、槽 19、槽 20、槽 1），以及它们的进线 A_I 端、A_{II} 端，连接线，出线 X_I 端、X_{II} 端，并且给出了绕组对应的磁极 N、S 位置关系。

图 5-4 为某款新能源汽车永磁同步电机爆炸示意图，主要由定子绕组、钢质定子芯、转子轮轴、钢质转子芯、钢质圆盘、永磁体、轴承等构成。

图 5-5 为另一款新能源汽车永磁同步电机爆炸示意图，主要由端盖、分离离合器、定子绕组、定子、接线端口、带永磁体的转子等构成。

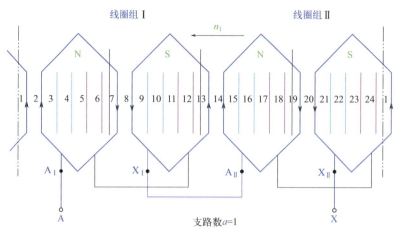

图 5-3　电机链式绕组线圈

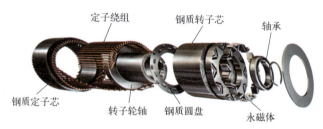

图 5-4　新能源汽车永磁同步电机爆炸示意图 1

图 5-5　新能源汽车永磁同步电机爆炸示意图 2

图 5-6 为某款新能源汽车永磁同步电机主要部件示意图，主要由定子、转子、电机外壳等构成。

图 5-7 为某款新能源汽车永磁同步电机转子示意图，包括电机端部、电机端部编织线、电机三相出线端、绝缘牛皮纸等。

图 5-6　某款新能源汽车永磁同步电机主要部件示意图

图 5-8 为某款新能源汽车永磁同步电机转子与定子装配示意图，展示了电机转子与定子装配的工装。

图 5-7　某款新能源汽车永磁同步电机转子示意图

图 5-8　某款新能源汽车永磁同步电机转子与定子装配示意图

图 5-9 为几款新能源汽车永磁同步电机及控制器示意图，有单独电机的（左、右）、集成电机控制器的（中间）。

图 5-9　几款新能源汽车永磁同步电机及控制器示意图

图 5-10 为新能源汽车电机扁线发展趋势示意图。为了优化电机的功率密度、效率、重量等指标，新能源汽车电机绕线逐渐往扁线方向发展，如现在的扁线电机功率密度为 4.5kW/kg，今后还要到 6kW/kg 左右。扁线电机相关结构如图 5-11～图 5-14 所示。

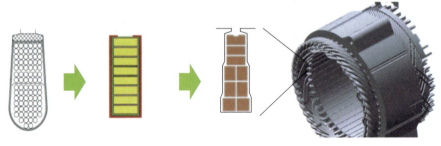

图 5-10　新能源汽车电机扁线发展趋势示意图

图 5-11　三层绕组扁线电机定子示意图

图 5-12　四层绕组扁线电机示意图

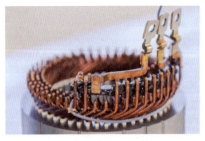

图 5-13　四层绕组扁线电机定子焊接出线示意图

图 5-14　扁线电机定子与转子示意图

图 5-15 为扁线电机定子层数分布及多层示意图，单一槽内放置两层、四层、六层、八层、十层等。

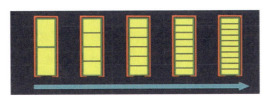

图 5-15　扁线电机定子层数分布及多层示意图

图 5-16 为扁线电机定子绕组分布示意图。图 5-16（a）、（b）所示分别为基于传统扁线方案的阶梯槽、基于双拼扁线方案的阶梯槽扁线电机定子绕组分布。

(a) 基于传统扁线方案的阶梯槽　　(b) 基于双拼扁线方案的阶梯槽

图 5-16　扁线电机定子绕组分布示意图

图 5-17 为扁线电机定子绕组涂层示意图，包括铜或铝导体、聚酯（亚胺）、聚酰胺酰亚胺。

扁线电机部分定子绕线连接如图 5-18 所示。

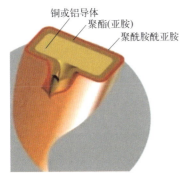

图 5-17　扁线电机定子绕组涂层示意图　　图 5-18　扁线电机部分定子绕线连接示意图

5.2 新能源汽车电机外特性、效率曲线

图 5-19 为新能源汽车电机外特性、效率曲线图。转矩曲线：在额定转速以下是恒转矩区，在额定转速以上到最高转速范围内转矩曲线是双曲线。功率曲线：在额定转速以下是功率随速度线性变化；在额定转速以上到最高转速范围内功率曲线达到峰值，即功率不再随转速增加而增加。

图 5-20 为某款新能源汽车永磁同步电机外特性曲线测试图，功率曲线在 4000r/min 以上下降得比较多。

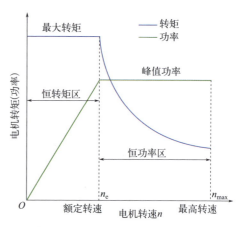

图 5-19　新能源汽车电机外特性、效率曲线图

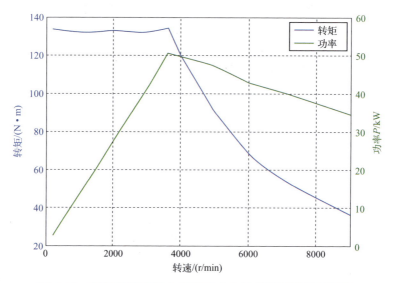

图 5-20　某款新能源汽车永磁同步电机外特性曲线测试图

图 5-21 为某款新能源汽车永磁同步电机外特性效率曲线图。图中标注 80、85、90 等数字的曲线表示在该曲线上及其所包含区域内的电机工作效率为 80%、85%、90% 等。电机的效率越高越好，但是受电机的老化、高温、去磁等因素的影响，电机的效率逐渐下降。

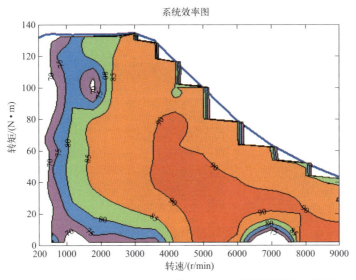

图 5-21 某款新能源汽车永磁同步电机外特性效率曲线图

5.3 新能源汽车电机控制器组成部分

图 5-22 为新能源汽车电机能量流动示意图。电动状态：电流从动力电池经过直流母线、高压配电盒、电机控制器高压线、电机控制器、电机三相线到达驱动电机产生驱动力。发电状态的路径正好相反。

注意事项：高压配电盒作为整个高压系统电力分配的枢纽，是动力电池和各高压设备最主要的中间环节。一旦某中间高压电器出现异常现象，应该第一时间考虑高压配电盒的供电是否正常，再根据具体的故障现象逐一测量排查。

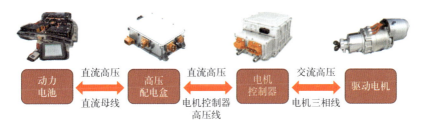

图 5-22 新能源汽车电机能量流动示意图

图 5-23 为新能源汽车电机通过动力电池、MCU、电机等的能量流动示意图。图中能量的流动路径分别是：

驱动时：动力电池→MCU→电机；
发电时：电机→MCU→动力电池。

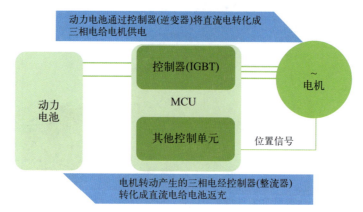

图 5-23　新能源汽车电机通过动力电池、MCU、电机等的能量流动示意图

图 5-24 展示了新能源汽车电机及控制器主要作用，包括能量转化、转矩执行、通信功能、充电功能、过热保护、过压保护、欠压保护、过载保护、过速保护、过流保护、IGBT 模块故障保护、堵转保护、传感器故障保护等。电机控制器的测试与检修须全面，最好有专业机构、专业人员以及测功机配合，所以检测费用高、时间长。

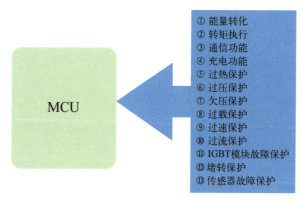

图 5-24　新能源汽车电机及控制器主要作用示意图

图 5-25 为某款新能源汽车永磁同步电机及控制器爆炸图，主要有负极霍尔电流传感器、大容量薄膜电容、VTOG 高压电控主板、三相交流输出带霍尔电流传感器、IGBT 模块、三相交流输出接触器、VTOG 电源电路板、DC/DC 变换器、功率电阻、正极霍尔电流传感器、主接触器、交流充电接触器、直流充电正极接触器、预充接触器、直流充电负极接触器、漏电传感器、预充电阻、空调电动压缩机和电加热 32A 保险丝等。

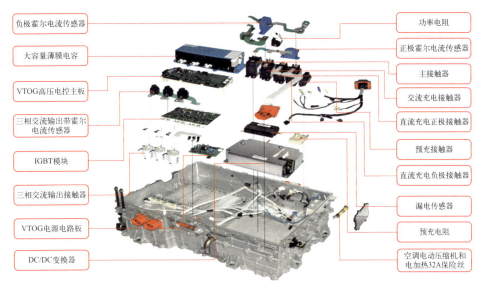

图 5-25　某款新能源汽车永磁同步电机及控制器爆炸图 1

图 5-26 为某款新能源汽车永磁同步电机及控制器爆炸图，主要由壳体、交流电连接、密封件、水套、定子、转子、前部驱动电机温度传感器 G1093、搭铁环的银套、转子位置传感器 G159、前部交流驱动装置冷却液温度传感器 G1110、检修用排放螺塞等组成。

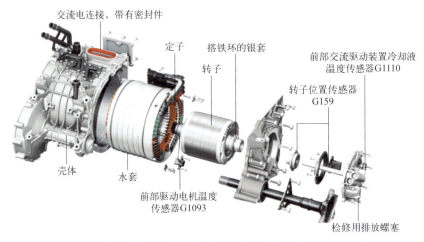

图 5-26　某款新能源汽车永磁同步电机及控制器爆炸图 2

图 5-27 为江淮新能源汽车驱动总成爆炸图，包括旋变电缆、高压接线盒盖、高压接线盒盖密封垫、高压接线盒、三相铜排、三相动力线、高压接线盒密封垫、水嘴、三相接线座、透气阀、旋变保护盖、密封垫、变速器、前端盖、旋变定子

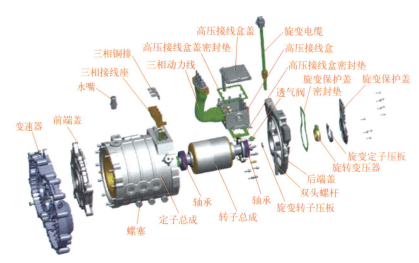

图 5-27 江淮新能源汽车驱动总成爆炸图

压板、旋转变压器、后端盖、双头螺杆、轴承、旋变转子压板、定子总成、转子总成、螺塞等。

图 5-28 为某款新能源汽车永磁同步电机控制器外观图,主要由手动检修开关、高压连接端子、低压控制连接端子、进出水管、安装孔位、壳体等构成。

图 5-29～图 5-31 为几款新能源汽车永磁同步电机及控制器框图。图 5-32、图 5-33 分别为新能源汽车永磁同步电机控制器 60°、90°工作框图。

图 5-28 某款新能源汽车永磁同步电机控制器外观图

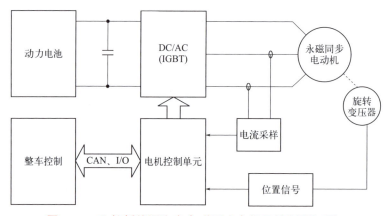

图 5-29 几款新能源汽车永磁同步电机及控制器框图 1

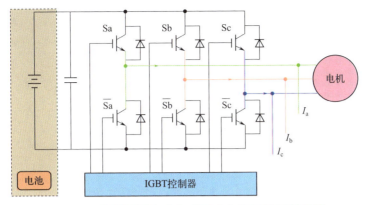

图 5-30　几款新能源汽车永磁同步电机及控制器框图 2

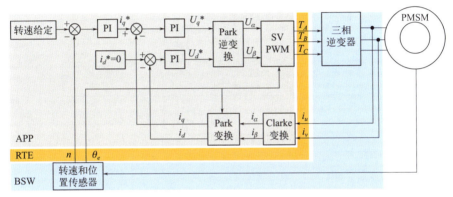

图 5-31　几款新能源汽车永磁同步电机及控制器框图 3

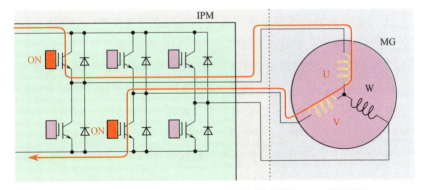

图 5-32　新能源汽车永磁同步电机控制器 60°工作框图

图 5-34 为某款新能源汽车永磁同步电机控制器框图。将德州仪器（TI）公司的 TMS320F28335 DSP 作为核心处理单元，智能功率模块（IPM）作为逆变器，并进行了 IPM 驱动电路、电机三相电流采样电路、母线电压、电流采样电路、电机位置转速检测电路的设计。

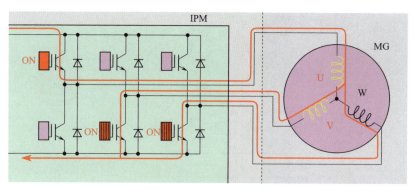

图 5-33　新能源汽车永磁同步电机控制器 90°工作框图

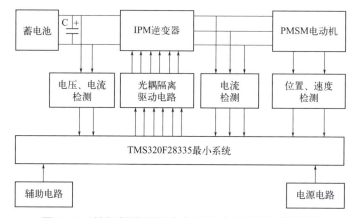

图 5-34　某款新能源汽车永磁同步电机控制器框图

图 5-35 为某款新能源汽车永磁同步电机控制器原理框图。总体电机控制器硬件电路分为控制板电路、驱动板电路与外围电路、预充电部分。主控芯片为 TI 公司的 TMS320F28335，控制器具有 CAN、UART 等通信功能。电机速度与位置传感器为旋转变压器，以适应汽车行驶中可能遇到的恶劣环境。旋转变压器解码电路设计变比为 0.286。电流传感器采用隔离式霍尔效应传感器，实现隔离采样。驱动芯片使用 2SC0108T 驱动核，功率器件为 IGBT，以满足大功率需求。

图 5-36 为北汽 EV160 纯电动汽车电机控制器（MCU）电路图，分别进行下面的测试。（以下仅供参考，具体测试还需要根据现场以及控制器的有关参数来确定。）

① 读取故障码：连接解码仪，读取故障码为 P116016，即 MCU 的 IGBT 驱动电路过流故障（A 相 /U 相）。诊断仪器没有明确的故障点或故障原因的指引，需进一步检修以确认故障原因。

② 检测高压系统：断掉蓄电池负极并用电工胶布将其金属部分缠绕，避免接触车身。然后切断设置在车内手套箱位置的高压保险。过 5 分钟后 (或者用灯泡

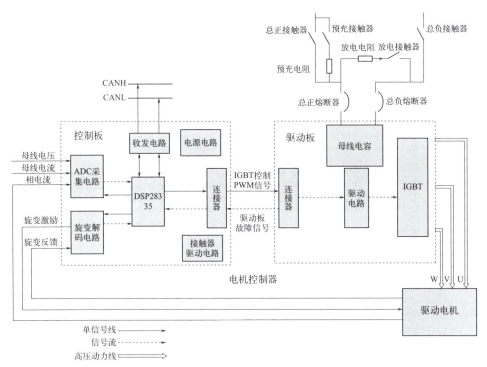

图 5-35 某款新能源汽车永磁同步电机控制器原理框图

串联大功率 50W 电阻放电,确保电机控制器的大电容上没有电),拆卸动力电池到高压盒之间的高压电缆,使用万用表测量高压电池来电情况,测量结果显示为 0.1V,高压系统成功下电。

③ 检测电机控制器绝缘:在高压系统断电后,使用万用表、兆欧表(总正对外壳、总负对外壳,分别测试绝缘)对电机控制器进行测量并将结果填写在设计的表格里面。与标准值对比,结果正常。

④ 测量 MCU 电源保险 FB10:在汽车前舱部分找出保险丝与继电器盒,检查 MCU 电源保险 FB10。测量保险丝电阻值,正常值小于 1Ω,测量值为 0.2Ω,测量结果正常。

⑤ 检测电源继电器:测量 MCU 电源继电器线圈端子 2 个线圈之间的电阻值,测量结果正常。测量电源继电器开关端子的导通性,将电源继电器线圈端子 2 个线圈分别接蓄电池正负极,万用表调节到 200Ω 电阻挡,测量继电器 2 个开关端子是否导通,测量值为 0.1Ω,正常值小于 1Ω,测量结果正常。

⑥ 测量 MCU 低压控制插头:用探针插入 MCU 低压插件 T3 的 1# 脚,测量 1# 脚电压,正常值为 12V 左右。测量值为 12.4V,测量结果正常。

⑦ 测量旋转变压器各个绕组阻值及其波形:

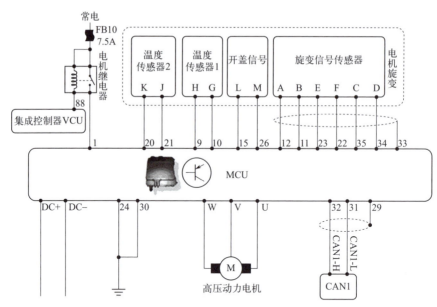

图 5-36 北汽 EV160 纯电动汽车电机控制器（MCU）电路图

a. 使用万用表电阻挡测量 MCU 低压插件 T35 的 22#、23# 端子的电阻值，正常值为 50～70Ω，测量值为 52.2Ω，测量结果正常；测量 34#、35# 端子的电阻值，正常值为 50～70Ω，测量值为 50.3Ω，测量结果正常；测量 11#、12# 端子的电阻值，正常值为 20～40Ω，测量值为 20.8Ω，测量结果正常。因此，可以判定旋转变压器励磁、正弦和余弦 3 组线圈阻值正常。

b. 使用万用表电阻挡测量驱动电机旋变插件 T19b 的 A 与 MCU 低压插件 T35 12# 端子、B 与 11# 端子、E 与 23# 端子、F 与 22# 端子、C 与 35# 端子、D 与 34# 端子的电阻值，正常值为 0.2～0.5Ω，测量值为 0.37Ω 左右，测量结果正常。

c. 使用示波器通过驱动电机旋变插件 T19b 测量旋转变压器各个绕组波形，发现 A 与 B 端子、C 与 D 端子之间可以调取波形，并且经过频率调整后，其波形符合维修手册中所示标准波形。但是，E 与 F 端子之间无法调取波形。

d. 使用万用表电阻挡测量端子 E 与车身搭铁之间的电阻值，结果为 0.96Ω。原来是线束对地搭铁。

图 5-37 为电机控制器母线电压监测电路图。电机控制器应实时监测母线电压值，以在欠压、过压的情况下保护电机。图中采用电阻分压法测量电源母线电压，电压传感器采用 Avago 公司的 ACPL-C87。

图 5-38 为某款新能源汽车多合一电机控制器模块图，包含直流充电接口、电机三相线接口、交流充电接口、电机接触器、电机控制器、DC/DC 变换器、高压配电箱、64 端子低压接口、空调压缩机接口、PTC 接口、电容等。

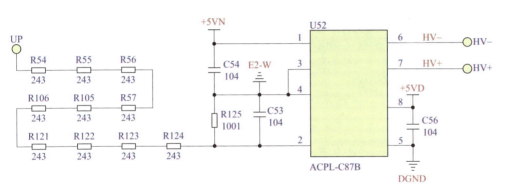

图 5-37　电机控制器母线电压监测电路图

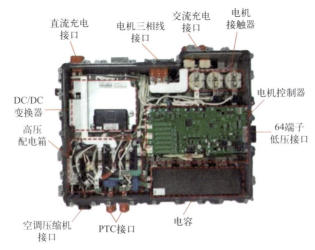

图 5-38　某款新能源汽车多合一电机控制器模块图

图 5-39～图 5-41 分别为新能源汽车控制器、控制器控制板、控制器接线端子示意图。

图 5-39　某款新能源汽车控制器示意图

图 5-40　某款新能源汽车控制器控制板示意图

图 5-41　某款新能源汽车控制器接线端子示意图

图 5-42～图 5-46 为新能源汽车同步电机、控制器及减速器多合一示意图。图 5-43 中主要包括 PDU、DC/DC 变换器、电机、OBC、减速器、MCU、BCU 等。多合一是一种趋势，但维修检测难度更大，成本更高。

图 5-42　新能源汽车同步电机、控制器及减速器多合一示意图 1

图 5-43　新能源汽车同步电机、控制器及减速器多合一示意图 2

图 5-44　新能源汽车同步电机、控制器及减速器多合一示意图 3　　图 5-45　新能源汽车同步电机、控制器及减速器多合一示意图 4

电机驱动控制器、电机减速箱驱动轴一体化如图 5-47 所示。

图 5-46　新能源汽车同步电机、控制器及减速器多合一示意图 5　　图 5-47　电机驱动控制器、电机减速箱驱动轴一体化示意图

图 5-48 为电机驱动控制器多合一一体化集成示意图，集成电机控制器（逆变器）、直流电源、车载充电机、电池管理系统、油泵控制器、制动控制器等于一体。

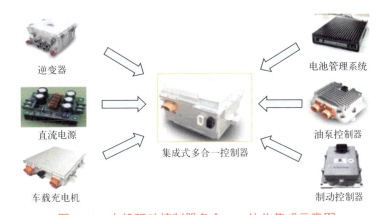

图 5-48　电机驱动控制器多合一一体化集成示意图

图 5-49 为电机控制器壳体水道散热示意图，主要由散热管道、进出口管等构成。

图 5-50 为新能源汽车永磁同步电机及控制器散热系统示意图，主要由水泵、电机控制器、驱动电机、散热器、进出口管、温度传感器、压力传感器等构成。

图 5-49 电机控制器壳体水道散热示意图

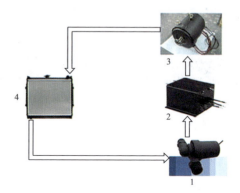

图 5-50 新能源汽车永磁同步电机及控制器散热系统示意图

1—水泵；2—电机控制器；3—驱动电机；4—散热器

5.4 新能源汽车电机角度位置传感器

图 5-51 为新能源汽车永磁同步电机旋转编码器位置传感器转子、定子示意图。传感器转子、传感器定子（线圈）如图中标注所示，励磁线圈、输出线圈的六个端子在图中也可见，具体哪一组是一对，可以查阅手册或者用万用表的电阻挡进行检测，有一个较小电阻值的是一组，无穷大的肯定不是一组线圈。

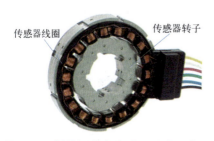

图 5-51 新能源汽车永磁同步电机旋转编码器位置传感器转子、定子示意图

图 5-52 为新能源汽车永磁同步电机旋转编码器解码芯片工作原理图。R1 与 R2 是一组激励线圈（励磁绕组），由放大电路提供一定的电压、功率、频率信号进行驱动，具体的参数需要查阅有关解码芯片手册来获取；在转子旋转过程中，励磁绕组的信号被转子上的物理上相互正交的两组绕组（S1 与 S3 一组、S2 与 S4 一组）调制，并产生正弦、余弦信号输出，信号经过调理电路送到解码芯片，在解码芯片中进行有关算法处理后通过数字接口对外输出，如电机控制器的主控芯片读取该数字接口信号后，就知道电机的位置。

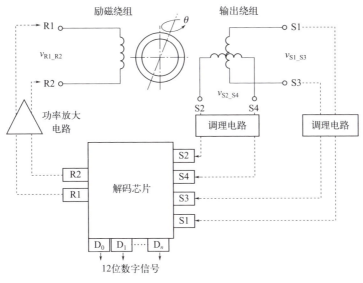

图 5-52　新能源汽车永磁同步电机旋转编码器解码芯片工作原理图

图 5-53 为电机旋转编码器激励信号、sin 信号与 cos 信号对比图，由图可见在电机模型以某一特定转速运行时采集到的激励与旋转电压信号。采集到的激励信号频率为 10kHz，幅值为 8.2V，正弦（sin）信号、余弦（cos）信号是经旋转编码器调制后产生的相位差为 90°的差分信号。

图 5-54 为新能源汽车永磁同步电机旋转编码器解码芯片驱动电路图。激励

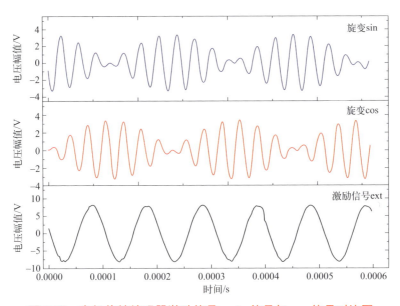

图 5-53　电机旋转编码器激励信号、sin 信号与 cos 信号对比图

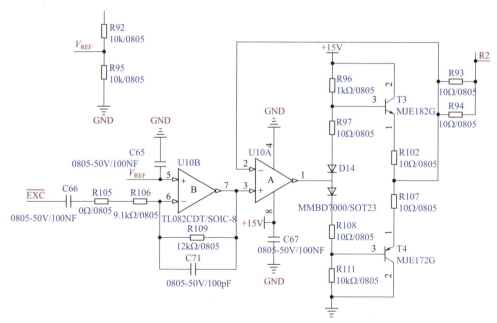

图 5-54 新能源汽车永磁同步电机旋转编码器解码芯片驱动电路图

信号与参考电压（V_{REF}）经过运算放大器 TL082 后，在后一级的运算放大器结构中，通过对管输出进行电流放大，为激励线圈提供一定的功率。R2 就是激励线圈的一端，另一端与此类似。

图 5-55 为旋转编码器安装位置示意图。旋转编码器安装位置一般需要初始定位，安装位置是否需要标定具体要根据控制器厂家来定，也可以借助有关控制器的上位机来确定。

图 5-55 旋转编码器安装位置示意图

5.5 新能源汽车电机控制器电源电路检测与维修案例

图 5-56 为电机驱动控制系统电源设计参考图，驱动电源参数为：输入电源电压 9～18V，输出功率 18W，其中一组用于驱动下桥臂 3 个 IGBT，功率为 9W，其他三组每组的输出功率为 3W；一次侧电感为 14.13μH，一次侧峰值电流为

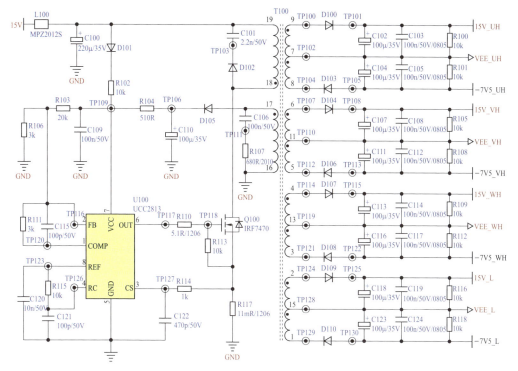

图 5-56　电机驱动控制系统电源设计参考图

11A，开关频率为 29kHz，一次侧匝数为 6 匝，二次侧电压为 −10V 和 15V，匝数分别为 7 匝和 10 匝。系统采用电流控制 PWM 芯片 UCC2813，其特点是一次侧峰值电流受周期限制，启动电压低，图腾柱输出，控制电路简单。由肖特基二极管和瞬态吸收二极管构成开关尖锋吸收电路，以减小开关损耗。电压采样取自提供 3 个下桥臂开关器件驱动电压的绕组，因为此组驱动功率最大，故以此作为电压反馈，系统最稳定且电压调整精度高。具体电路具体分析，目前电机控制器的电源也是常见故障来源之一，测试时需要根据有关逻辑顺序测量，如任何一路输出故障都有可能导致 IGBT 损坏。

图 5-57 为电机驱动控制系统电机控制器驱动板电源设计参考图。电机控制器驱动板电源在开关过程中会产生较大的冲击噪声，对低压电路造成一定干扰。为减少不同电源之间的干扰，可用图中所示隔离式电源转换器实现对驱动板电流信号的隔离，从而提高系统的可靠性。

图 5-58 为电机驱动控制系统高压电源采集设计电路图，高压 HV+_CON、高压 HV−_CON 分别连接驱动控制器动力电池进线端正、负，与 TLC2262 形成差分放大作用，实现电机驱动控制系统高压电源采集，后面进行过压、欠压、电压采集等处理。

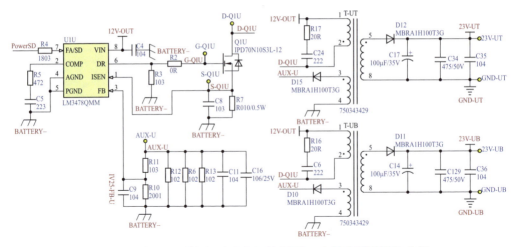

图 5-57　电机驱动控制系统电机控制器驱动板电源设计参考图

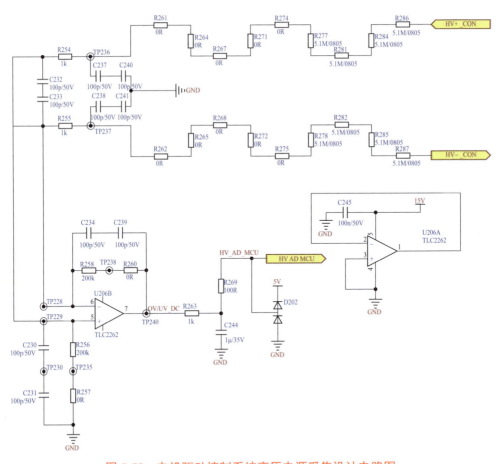

图 5-58　电机驱动控制系统高压电源采集设计电路图

5.6 新能源汽车电机控制器驱动板检测与维修案例

图 5-59 为新能源汽车永磁同步电机控制器绝缘测试图,绝缘测试仪表正负极分别在电机总电源输入的正极与外壳,总电源输入的负极与外壳进行绝缘测试,以确保绝缘合格。

图 5-60 为几款新能源汽车永磁同步电机及控制器电流传感器示意图。

图 5-59 新能源汽车永磁同步电机控制器绝缘测试图

图 5-60 几款新能源汽车永磁同步电机及控制器电流传感器示意图

5.7 新能源汽车电机控制器 IGBT 检测与维修案例

图 5-61 为 IGBT 的迭代进化示意图。最高工作温度从 150℃ → 175℃ → 250℃,逐渐提升;消耗的功率从 1W、0.8W 到 0.5W,逐渐降低;材料逐渐向碳化硅发展。

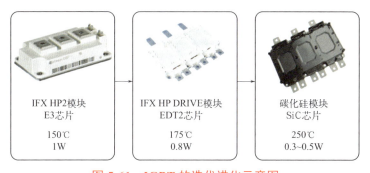

图 5-61 IGBT 的迭代进化示意图

图 5-62 为 IGBT 驱动模块损坏图,图中右侧的 IGBT 烧毁了。建议对于类似

的损毁，更换整个 IGBT 模组，在更换前需要检测有关信号有没有问题，如检测每一路的驱动电源、IGBT 驱动芯片输出信号等。IGBT 模组损毁在许多情况下是电路的问题，包括驱动电源、IGBT 驱动芯片输出信号、过流保护、逻辑直通、软件、散热系统等方面的问题。如果同种车型的控制器中 IGBT 模组损毁比较多，建议更换控制器厂家。

图 5-63 所示为 IGBT 驱动模块左侧损坏的情况。

图 5-62　IGBT 驱动模块损坏图

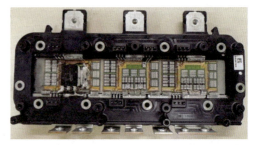

图 5-63　IGBT 驱动模块损坏图（左侧）

图 5-64 为某种新能源汽车永磁同步电机控制器 IGBT 驱动芯片设计原理图，IGBT 驱动芯片型号为 HCPL-316J，具体的资料请查阅芯片手册获取。图中给出了 W 相的上管驱动部分，一般有六个驱动芯片，分别驱动六个 IGBT 模块。

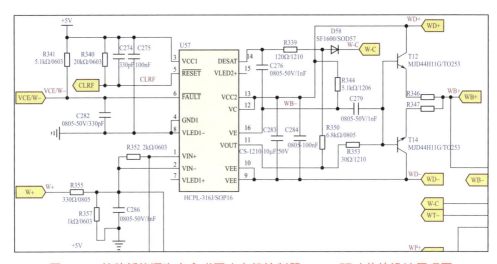

图 5-64　某种新能源汽车永磁同步电机控制器 IGBT 驱动芯片设计原理图

图 5-65 为 IGBT 驱动芯片及驱动电源模块示意图，图中标注了 IGBT 驱动芯片、驱动电源模块，维修时需要测量每一路电源的好坏，以及 IGBT 驱动芯片对应的驱动信号电平与逻辑关系等。

图 5-66 为某款 IGBT 驱动芯片及 IGBT 模块示意图，三组（两个一组）共六个芯片就是 IGBT 驱动芯片（TR n2、TR $\overline{p2}$ 是 IGBT 驱动芯片隔离信号驱动部分）。

图 5-65　IGBT 驱动芯片及驱动电源模块示意图

图 5-66　IGBT 驱动芯片及 IGBT 模块示意图 1

图 5-67 为另一款 IGBT 驱动芯片及 IGBT 模块示意图，图中的三组（两个一组）共六个芯片就是 IGBT 驱动芯片。

图 5-68 所示为 IPM（智能功率模块）驱动控制板。IPM 驱动控制板（采样及转速检测电路板扣在 IPM 驱动控制板上）主要驱动 IPM 工作，通过 IPM 专用接口器件，扣在 IPM 的引脚上，并通过接口给定采样板上需要的电压。采样及转速检测电路板将通过 TMS320F28335 产生的 PWM 驱动信号，通过连接器件送给 IPM 驱动电路板，从而驱动 IPM 工作；采样及转速检测电路板主要完成电机三相电流采样、母线电流与电压采样、电机转速及位置检测等功能。

图 5-67　IGBT 驱动芯片及 IGBT 模块示意图 2

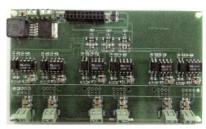

图 5-68　IPM 驱动控制板

图 5-69 为新能源汽车测功机工作框图，主要由铁底板、测功机、转矩传感器、支架、被测电机等构成。

图 5-69　新能源汽车测功机工作框图

图 5-70 为新能源汽车测功机现场布局图，主要由铁底板、测功机、转矩传感器、支架、被测电机、电机控制器、测功机操作程序界面等构成。

图 5-70　新能源汽车测功机现场布局图

图 5-71 为新能源汽车测功机测试界面，主要项目有转速模式、转矩模式选择，电压给定、转速给定、转矩给定、功率分析，以及电机有关参数的显示等。通过测功机、测试界面等对电机进行标定、维修测试等。建议对电机控制器、电机本体、电机位置传感器等进行维修后再进行有关测试。

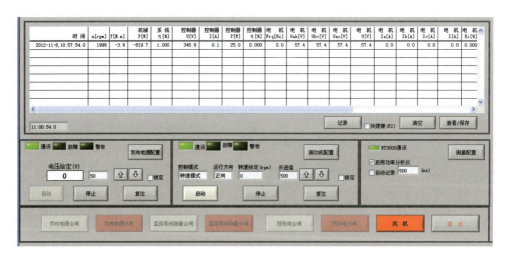

图 5-71　新能源汽车测功机测试界面

第 6 章

新能源汽车动力电池及电池管理系统

6.1 新能源汽车动力电池基本概念

额定电压：电池在常温下的典型工作电压，又称标称电压。电池的实际工作电压等于正、负电极的平衡电极电势之差。实际工作电压只与电极活性物质的种类有关，而与活性物质的数量无关。电池电压本质上是直流电压，但在某些特殊条件下，电极反应所引起的金属晶体或某些成相膜的相变会造成电压的微小波动，这种现象称为噪声。波动的幅度很小但频率范围很宽，故可与电路中自激噪声相区别。

开路电压：电池在开路状态下的端电压称为开路电压。电池的开路电压等于电池在断路时（即没有电流通过两极时）电池的正极电极电势与负极电极电势之差。电池的开路电压用 $U_开$ 表示，即 $U_开=\Phi_+-\Phi_-$，其中 Φ_+、Φ_- 分别为电池的正、负极电极电位。电池的开路电压，一般均小于它的电动势。这是因为电池的两极在电解液中所建立的电极电位通常并非平衡电极电位，而是稳定电极电位。一般可近似认为电池的开路电压就是电池的电动势。

终止电压：电池放电时，电压下降到电池不宜再继续放电的最低工作电压值。根据不同的电池类型及不同的放电条件，对电池容量和寿命的要求也不同，因此规定的电池放电的终止电压也不相同。

内阻：电池的内阻是指电流通过电池内部时受到的阻力。它包括欧姆内阻和极化内阻，极化内阻又包括电化学极化内阻和浓差极化内阻。由于内阻的存在，电池的工作电压总是小于电池的电动势或开路电压。电池的内阻不是常数，在充放电过程中随时间不断变化（逐渐变大），这是因为活性物质的组成、电解液的浓度和温度都在不断地改变。欧姆内阻遵守欧姆定律，极化内阻随电流密度增加而增大，但不是线性关系。极化内阻常随电流密度增大而增加。内阻是决定电池性能的一个重要指标，它直接影响电池的工作电压、工作电流、输出的能量和功率。对于电池来说，其内阻越小越好。

容量：电池容量是指电池可以存储的电能大小，单位通常是"mAh"，中文名是"毫安时"。安时（Ah）也是常见的电池容量单位，表示电池在规定时间内可以放出的电量。具体来说，1Ah 意味着电池可以在 1 小时内持续放出 1 安培的电流，或者消耗 1 库仑的电能。这个单位常用于描述电池，如手机电池、笔记本电脑电池等的容量。需要注意的是，电池类型不同，其容量和工作条件也可能不同，因此以上的容量和工作时间仅供参考。

额定容量：在设计规定的条件（如温度、放电率、终止电压等）下，电池应能放出的最低容量，以符号 C 表示。单位为 Ah。容量受放电率的影响较大，所以常在字母 C 的右下角以阿拉伯数字标明放电率，如 C_{20}。

电池能量：电池能量是衡量电池带动设备做功的重要指标，单位为 Wh。电池能量（Wh）= 额定电压（V）× 工作电流（A）× 工作时间（h）。例如：3.2V 15Ah 单体电芯的能量为 48Wh，3.2V 100Ah 电池组的能量为 320Wh。

能量密度：单位体积或单位质量物质所释放的能量，通常用体积能量密度（单位：Wh/L）或质量能量密度（单位：Wh/kg）表示。例如，1 节锂电池重 325g，额定电压为 3.7V，容量为 10Ah，则其能量密度约为 114Wh/kg。目前锂电池的能量密度是镍镉电池的 3 倍、镍氢电池的 1.5 倍，能量密度的高低是由材料密度与结构决定的。

功率与功率密度：功率是指在一定的放电制度下，单位时间内电池输出的能量，单位为 W 或 kW。功率密度又称比功率，是单位质量或单位体积电池输出的功率，单位为 W/kg 或 W/L。比功率是评价电池及电池包是否满足电动汽车加速和爬坡能力要求的重要指标。

放电倍率：放电倍率是指在规定时间内放出其额定容量（C）时所需要的电流值。例如，10Ah 电池，以 2A 放电时放电倍率为 0.2C，以 20A 放电时放电倍率为 2C。

荷电状态（又称剩余电量、SOC）：电池的荷电状态（SOC），是指在某个指定时刻，其可用电荷量与满充状态下可用电荷量的比值。SOC 以百分数的形式表示，100% 表示荷电状态为满，0 表示荷电状态为空。

放电深度（DOD）：从蓄电池取出电量占额定容量的百分比。浅循环蓄电池的放电深度不应超过 25%，深循环蓄电池则可释放 80% 的电量。因为蓄电池寿命受蓄电池的平均充电状态影响，所以在设计一个系统时必须协调好电池的循环深度和容量之间的关系。

循环寿命：循环寿命是指电池能够进行完整充放电循环的次数。每次充放电循环都会使电池容量略微下降。循环寿命通常以充放电次数来衡量，例如循环寿命为 1000 次，意味着电池在充放电 1000 次后，其容量会降低到初始容量的一定百分比。

容量衰减：容量衰减指的是电池容量随着时间和使用次数的增长而逐渐降低。电池容量衰减的速度取决于多种因素，包括电池化学性质、温度、充放电速率和使用条件等。通常，电池的容量衰减在电池被使用一定时间后会导致其储存的电能减少。

储存时间：电池在长时间不使用时也会自然失去能量。储存时间是指电池能够在未使用的状态下保持其容量和性能的时间。不同类型的电池具有不同的自放电速率，自放电速率高的电池在存放期间电量消耗更快。

图 6-1 中引线所指为每 3 节电池并联成一组，将 15 节电池形成的 5 组串联，表示为 3P5S。其他种类的表述以此类推。图中模组总正、总负在两端。单根线为电压采集线，双路线为温度采集线，不同的产品工艺形式不同，需要根据具体产品来检测。

图 6-1　3P5S:3 节电池并联、5 组串联

车辆铭牌与续驶里程计算如图 6-2 所示。

电池电压 × 电池容量 /1000=343.1×109.2/1000 ≈ 37.5(kWh)
37.5/15×100=250(km)

图 6-2　车辆铭牌与续驶里程计算

6.2 新能源汽车动力电池种类

按工作性质和储存方式划分，新能源汽车动力电池可分为：一次电池，如锌锰干电池等；二次电池，如镍氢电池等；燃料电池，如氢氧燃料电池等；储备电池，如镁化银电池等。

按电解液种类划分，新能源汽车动力电池可分为：碱性电池，如碱性锌锰电池等；酸性电池，如锌锰干电池等；有机电解液电池，如锂电池等。

按电池所用正、负极材料划分，新能源汽车动力电池可分为：锌系列电池，如锌锰电池等；镍系列电池，如镉镍电池等；铅系列电池，如铅酸电池等；二氧化锰系列电池，如锌锰电池等；空气系列电池，如锌空电池等。

锂离子电池由正极材料中包含金属锂而得名，是目前储能动力电池中比功率、能量密度最大的电池，这就使得锂离子电池质量小、容量大。在保证纯电动汽车电池系统质量的基础上，整体容量可得到大幅度提高，对于汽车续驶里程的提升起到很大作用。

常见电池性能比较见表6-1。

表6-1 不同动力电池性能对比

参数	铅酸电池	镍镉电池	镍氢电池	锂离子电池
标称额定电压 /V	2.0	1.2	1.2	3.1～3.75
质量能量密度 /（Wh/kg）	27～33	38～48	65～70	175～195
体积能量密度 /（Wh/L）	70～85	155～175	330～360	360～420
质量比功率 /（W/kg）	160～320	155～315	150～240	330～470
体积比功率 /（W/L）	450～650	450～650	700～900	1300～1700
荷电保持能力 /（%/月）	75%～85%	＞80%	85%～90%	92%～96%
最佳工作温度范围 /℃	−25～65	−25～55	−20～45	0～45
循环使用寿命 / 次	350～500	700～1000	500～700	＞1000
电池材料环保性	铅污染	镉污染	环保	环保
记忆能力	无	大	小	无

锂离子电池也有多种分类，依据其正极上与金属锂结合材料的不同，可分为如表6-2所示几种。表中还进行了几种锂离子电池参数与特性的比对，分别从平均电压、比容量、比能量及安全可靠性、成本、循环使用寿命等几方面做出对照。

表 6-2 目前常见动力电池性能对比

正极材料	理论比容量 /（mAh/g）	可用比容量 /（mAh/g）	正极材料比能量 /（Wh/kg）	平均电压 / V	特性
钴酸锂	274	190（电压基准值：4.45V） 215（电压基准值：4.55V）	740（电压基准值：4.45V） 840（电压基准值：4.55V）	3.9	寿命长，成本高，安全性低
锰酸锂	148	110	410	4.0	安全性高，成本低，但寿命短
磷酸铁锂	170	160	540	3.4	安全性最高，成本较低，寿命很长
三元材料	275	160（电压基准值：4.3V） 185（电压基准值：4.5V）	610（电压基准值：4.3V） 730（电压基准值：4.5V）	3.8	安全性偏低，成本较低，寿命较长
富锂锰基	275	210	800（电压基准值：4.4V）	3.8	安全性偏低，成本较低，需继续研究
高压锂镍锰尖晶石	305	250（电压基准值：4.6V）	900（电压基准值：4.6V）	3.6	安全性高，成本较低，技术待突破

图 6-3 为硬包（左）、软包（中）、方形（右）电芯对比图。常见动力电池电芯的最小单元如图中所示，具体参数见厂家说明书。

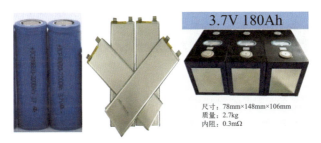

图 6-3 硬包（左）、软包（中）、方形（右）电芯对比

下面将介绍目前市面上典型的电池：特斯拉 4680 电池、刀片电池以及固态电池。

① 特斯拉 4680 电池：类型为三元锂电池。特斯拉 4680 电池呈圆柱状，材料上仍采用三元正极，电池组结构上则采用 CTC（cell to chassis）方案，直接将圆柱电芯排列于车身，形成电池舱，电池内阻减少，降低了制造和组装成本，安全性好。图 6-4 为不同圆柱电芯对比图，主要型号有 1865、2170、4680 等。

图 6-4　不同圆柱电芯对比

② 刀片电池：刀片电池本质上是一种磷酸铁锂电池，但比亚迪公司通过对电芯外形、布局排列的重新设计，以及生产工艺的改进，使得刀片电池看起来十分轻薄，容量却得到大幅提升。在结构上，刀片电池的方形电芯扁平化，看起来犹如一堆排列整齐的裁纸刀；每个刀片内部又分为诸多容纳腔，每个容纳腔内部均搭载电芯。在叠片工艺下，刀片电池空间利用率提高，电芯之间互不干扰，安全性也得到增强。图 6-5 为刀片电池示意图。

图 6-5　刀片电池示意图

③ 固态电池：使用固体电极和固体电解质代替液体或聚合物凝胶电解质中锂离子或锂聚合物等物质。被建议用作固态电池中固体电解质的材料，包括陶瓷（如氧化物、硫化物、磷酸盐）和固体聚合物。固态电池已用于起搏器、射频识别（RFID）和可穿戴设备中。它们可能更安全，具有更高的能量密度，其能量密度是目前主流动力电池的 3 倍左右，但成本要高得多。图 6-6 为传统电池与固态电池对比示意图，图 6-7 为固态电池原理示意图。

图 6-8 为宁德时代凝聚态电池展示图，具有高比能+高安全特点，单体能量密度可以达到 500Wh/kg，一旦被市场大量长期验证，将彻底改变新能源汽车产业的格局。

三元锂电池、刀片电池以及固态电池特点对比如下。

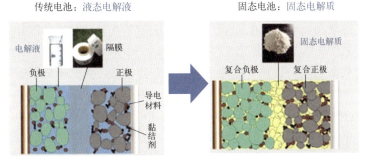

图 6-6　传统电池与固态电池对比示意图

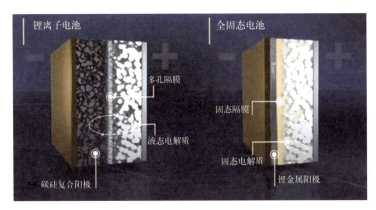

图 6-7　固态电池原理示意图

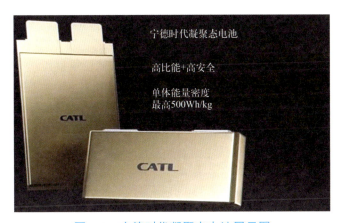

图 6-8　宁德时代凝聚态电池展示图

① 能量密度和续航里程：三元锂电池是现阶段最常见的电池类型之一，具有较高的能量密度，可以提供较长的续航里程。刀片电池则是一种新兴的设计，通过薄片状结构提高了能量密度，能够在有限空间内储存更多电能。

② 安全性和稳定性：三元锂电池存在安全隐患，主要原因是液体电解质的易燃性和挥发性较高。而刀片电池通过采用石墨纳米片替代传统的液体电解质，显著提升了安全性和稳定性。固态电池更进一步，采用固体电解质代替液体电解质，使电池系统具备更强的抗热、抗冲击和抗短路等特性，大大降低了安全风险，提供了更可靠的电池解决方案。

③ 充电速度和寿命：相对于传统的三元锂电池，刀片电池在充电速度上有所提升，能够更快地实现充电。然而，刀片电池受到内阻较大的限制，在放电过程中能量损失较快，从而影响电池的循环寿命。而固态电池采用固体电解质，能够实现更快的充电速度，并且具备出色的循环寿命指标，极大地延长了电池的使用寿命。

6.3 新能源汽车动力电池包组成及常见形式

PACK（电池包）的组成：主要包括电池模块、机构系统、电气系统、热管理系统和BMS等几个部分。

① 电池模块：如果把PACK比作人体，那么电池模块就是"心脏"，负责储存和释放能量，为汽车提供动力。

② 机构系统：主要由PACK上盖、托盘、各种金属支架、端板和螺栓组成，可以看作电池PACK的"骨骼"，起到支撑、抗机械冲击、抗机械振动和环境保护（防水防尘）的作用。

③ 电气系统：主要由高压跨接片或高压线束、低压线束和继电器组成。高压线束可以看作电池PACK的"大动脉血管"，将动力电池系统"心脏"的动力不断输送到各个需要的部件中。低压线束则可以看作电池PACK的"神经网络"，实时传输检测信号和控制信号。

④ 热管理系统：热管理系统主要有4类，分别为风冷系统、水冷系统、液冷系统、相变材料系统。以水冷系统为例，它主要由冷却板、冷却水管、隔热垫和导热垫组成。热管理系统相当于给电池PACK装了一台空调。

⑤ 电池管理系统（battery management system，BMS）：可以看作电池的"大脑"。主要由CMU和BMU组成。

单体监控单元（cell monitor unit，CMU），负责测量电池的电压、电流和温度等参数，同时还有均衡等功能。当CMU测量到这些数据后，将数据通过前面讲到的电池"神经网络"传送给BMU。

电池管理单元（battery management unit，BMU），负责评估 CMU 传送的数据，如果数据异常，则对电池进行保护，发出降低电流的要求，或者切断充放电通路，以避免电池超出许可的使用条件；同时还对电池的电量、温度进行管理。根据先前设计的控制策略，BMU 判断需要警示的参数和状态，并且将警示发给整车控制器，最终传达给驾驶人员。

图 6-9 为电池模组爆炸图，主要由包覆膜 PC 片、镍片/铝片、电池支架、塑料柱、电芯、电池支架等构成。

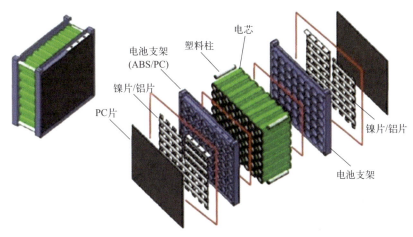

图 6-9　电池模组爆炸图

图 6-10 为某款电芯模组电池包组成示意图，从电芯（cell）、模组（module）到电池包，整个组成过程清晰。

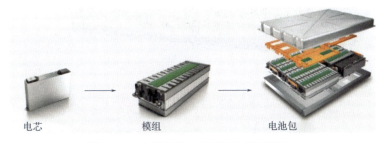

图 6-10　电芯模组电池包组成示意图 1

图 6-11、图 6-12 为电池包爆炸图。图 6-11 中，主要部件有：上壳体、热管理系统、32 并 44 串模组、维修开关、BDU、BMS、高压输出端子、O 形圈、低压输出端子、转接基座、下壳体等。图 6-12 中，主要部件有：上壳体、电池模组（14 个）、密封垫、PDU、BMS、液冷系统、汇流排、下壳体等。

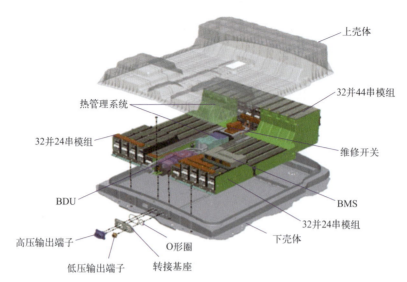

图 6-11　电池包爆炸图 1

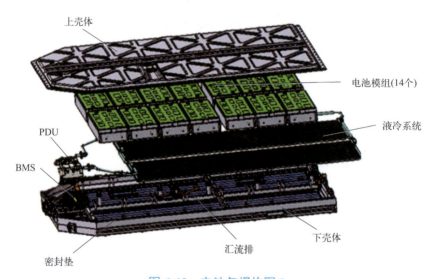

图 6-12　电池包爆炸图 2

图 6-13 为另一款电芯模组电池包组成示意图，主要部件有：内部线路、箱体、动力电池系统（电池包）、电池模组（module）、充放电接口、电池管理系统（BMS）、热管理系统等。

图 6-14、图 6-15 为 PACK 模组位置布局示意图。图 6-14 中，主要部件有：辅助元器件、动力电池箱、电池管理系统、动力电池模组等。图 6-15 中，主要包括：左前模组总成、右前模组总成、后部模组总成等。

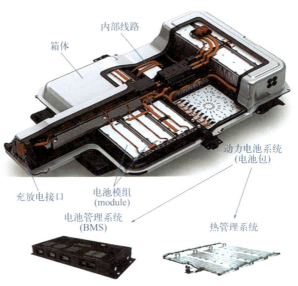

图 6-13　电芯模组电池包组成示意图 2

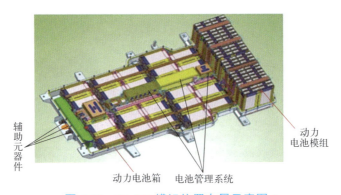

图 6-14　PACK 模组位置布局示意图 1

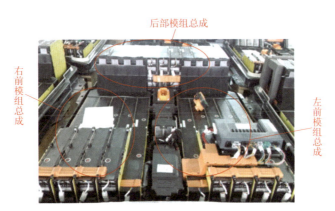

图 6-15　PACK 模组位置布局示意图 2

图 6-16、图 6-17 为 T 型模组电池 PACK 组成示意图。图 6-16 中可见电池芯、电池包、电池模块等。

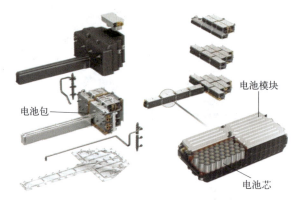

图 6-16　T 型模组电池 PACK 组成示意图 1

图 6-17　T 型模组电池 PACK 组成示意图 2

6.4　电池管理系统主要功能

新能源汽车（如电动汽车）的过充和过放保护是为了保障电池系统的安全和性能而设计的。这些保护功能旨在避免电池过度充电或过度放电，从而延长电池的寿命并确保车辆的正常运行。下面是关于过充和过放保护的一些基本信息。

过充保护：

① 电压监控：车辆的电池管理系统（BMS）会监测电池的电压情况。当电池电压超过安全范围时，BMS 会采取措施来阻止继续充电，以避免过充。

② 充电截止：BMS 可以在电池达到设定的最高电压后停止充电，以防止电池继续接收电流。可以防止电池过充，并减少安全风险。

过放保护：

① 电压监控：BMS 会监测电池的电压情况。当电池电压降到过低水平时，BMS 会采取措施来防止继续放电，以避免过放。

② 断电保护：当电池电压过低时，BMS 会切断电池与车辆的连接，防止进一步放电。这有助于保护电池免受过度放电的损害。

通过这些过充和过放保护措施，电动汽车可以避免电池系统遭受过度充电或过度放电的风险，延长电池的寿命，并确保车辆的安全和可靠运行。然而，尽管这些保护措施可以减少风险，但仍建议用户遵循正确的充电和使用习惯，以最大程度地延长电池的寿命。

有过充保护，那是不是永远充不满电？过充保护并不意味着电池永远无法充满电。实际上，新能源汽车的电池管理系统会监测电池的电压，当电池电压接近最高安全值时，BMS 可能会减缓或停止充电，以防止继续向电池提供电流。这样可以避免电池充电过度，延长电池寿命，并减少安全风险。一旦电池电压下降到安全范围内，充电将会恢复。

因此，过充保护旨在确保电池在充电时保持电压在安全范围内，而不是阻止电池充满。当电池电量接近 100% 时，BMS 会采取措施控制充电速度或停止充电，以保护电池的健康和安全。这有助于延长电池的使用寿命，并确保车辆的正常运行。

有过放保护，是不是电量永远都不能用到 0%？过放保护旨在防止电池电量过低，保护电池的健康和性能。电动汽车的电池管理系统会监测电池的电压，并在电池电压降到设定的最低安全值时采取措施来防止继续放电。这样可以防止电池过度放电，避免损害电池的性能和寿命。

图 6-18 为锂电池三段式充电曲线图，主要分为涓流（预充电阶段）、恒流、

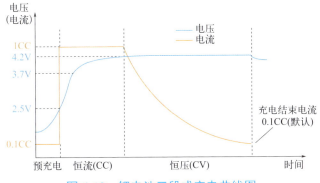

图 6-18 锂电池三段式充电曲线图

恒压三段。通过该曲线对锂电池的充电进行有关参数的控制，以确保安全、合理。电池管理系统的主要作用之一就是进行充电监控管理。

图 6-19 为 NTC（负温度系数）电池温度采集原理图，图中采用 NTC 温度传感器进行电池温度采集，并且采用平衡电桥的方式进行采集。

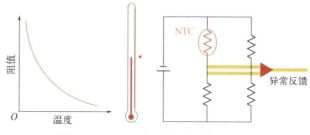

图 6-19　NTC 电池温度采集原理图

图 6-20 为动力电池温度采集线示意图。电池转接头上面的两条线为温度传感器两端连接线，容易短接导致问题。同时，温度采集端子也可能有接触不良的问题，导致动力电池系统故障，车辆不能启动。早期（比如车龄在 3 年以上）的车辆的很多动力系统故障，主要是温度采集系统的问题，选用同种类别的温度传感器、采集线、端子等基本上都能够解决。

图 6-20　动力电池温度采集线示意图

图 6-21 为乌龟故障灯亮及故障诊断示意图。乌龟故障灯亮，整车动力受限，主要原因（这里排除动力驱动系统等故障，主要考虑动力电池系统故障）：电池电量不足，动力系统轻微故障［散热问题、温度传感器故障、绝缘系统还没有低于下限值、CAN 通信不太畅通、电池压差在一定范围（如达到 40mV）］。需要借助有关设备（如诊断仪、上位机软件等）进行诊断。图 6-21 中诊断仪查出了一个电池的 CAN 通信丢失的故障，需要检测 CAN 总线（CAN 总线硬件、接线、CAN 专检设备等）。

图 6-21　乌龟故障灯亮及故障诊断示意图

图 6-22 为动力系统故障灯亮示意图。动力系统故障灯亮，整车无法启动，主要原因（这里排除动力驱动系统等故障，主要考虑动力电池系统故障）：钥匙上电故障、预充电电阻故障、预充电直流高压继电器故障、电池绝缘故障、电池锁电（电量低于设定值，系统保护电池，无法快充也无法慢充，需要进厂维保）、散热系统严重失效、温度传感器故障、电压采样故障、直流高压继电器故障、保险丝烧毁、动力线接触不好、高压互锁故障、动力电池压差过大、动力电池老化、CAN 通信故障、动力系统线束有问题、动力系统端子故障等。需要借助工具进一步排查。

图 6-22　动力系统故障灯亮示意图

采集线是新能源汽车 BMS 所需配备的重要部件，实现新能源动力电池电芯的电压和温度监控，连接数据采集和传输部分并自带过流保护功能，保护汽车动力电池电芯，具备异常短路自动断开等功能。目前，FPC（柔性电路板）方案已经成为绝大部分新能源汽车新车型的最主要选择。FPC 向 CCS（cells contact system，集成母排，也称为线束板集成件）集成。CCS 产品由 FPC、塑胶结构件、铜铝排等组成。铜铝排将多个电芯通过激光焊接进行串并联，FPC 通过与铜铝排、塑胶结构件连接从而构成电气连接与信号检测结构部件。图 6-23 为 FPC 电池温度采集线示意图，图中 FPC 电池温度采集线与电池铝排之间采用激光焊接工艺，最后所有单体的温度采集通过 FPC 电池温度采集板，通过连接端子、从控板等对外进行输出。

有些采集板还带电压采集功能，具体根据有关手册进行操作。图 6-24、图 6-25 为传统线束温度采集与 FPC 电池温度采集线对比示意图。

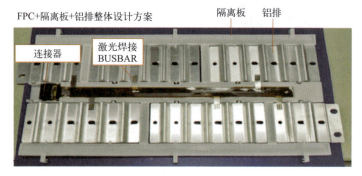

图 6-23　FPC 电池温度采集线示意图

 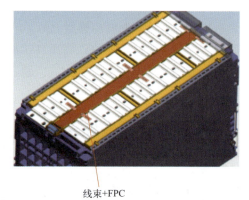

图 6-24　传统线束温度采集示意图　　图 6-25　FPC 电池温度采集线示意图

图 6-26 为电池管理系统（BMS）基本功能示意图，具体介绍如下。

① 状态参数检测功能：电池管理系统可以检测电池组的状态参数，主要检测单个电池的电压（即最高单体电压和最低单体电压）、电池模块总电压数据。通过分析此类数据内容，能够较好地识别整个电池模块的运行工况，而且可以依据检测的电压和电流估算电池的 SOC 值，判断动力电池的续航里程。

② SOC 估算功能：通过估算的 SOC 值，可以看出电池组还剩多少电量。电量过低时，用户就可以对电池组进行充电，为出行做好准备。在电池充放电时，观测电池 SOC 的变化速度，若 SOC 值出现突增或突减，可以利用 BMS 的主控制器对电池组做出相应的控制调节，防止电池出现过度充电和放电现象，从而使电池得到更好的利用效果，延长使用寿命。

③ 充放电管理功能：为了保证电池组充放电过程的正常进行，需要对电池模

组进行管理，防止出现电池过度充放电，进而保证电池组的安全性。

④ 数据通信功能：电池管理系统内部网络为 CAN 网络，通过 CAN 接口可以与外部通信设备相连接，从而实现数据远程传输和数据共享。

⑤ 均衡管理功能：由于电池组都是由众多单体电池组成的，电池模块实际运行期间，各个单体电池的运行工况往往存在一定的不同，部分单体电池电压会出现过高情况，部分则可能存在过低情况，但电池组要求每个单体电池工作在一定的状态范围内。因此，当出现单体电池电压不均衡的情况时，其平衡管控单元将发挥作用，从而确保整个电池模块及单体电池处于平衡运行工况。

⑥ 热管理功能：电池由于内部化学作用而释放大量热量，如若温度过高，则会损坏电池的工作性能，温度过低更是不能发挥电池性能，因此在电池组充放电的过程中需要热管理，使电池工作在合适的温度，最大限度地发挥电池的性能。

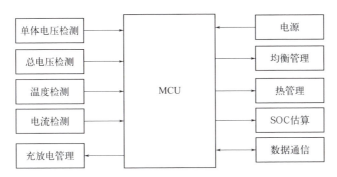

图 6-26　电池管理系统基本功能示意图

图 6-27 为电池管理系统控制架构图，其整个工作流程如下：电池管理系统的数据采集模块采集电池组的相关参数信息。中央处理器接收并分析采集到的数据，并根据电池电压和电流估算电池的 SOC，判断电池组的状态。在电池管理系统的

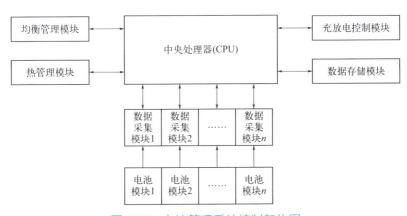

图 6-27　电池管理系统控制架构图

各模块中,数据采集模块是最基础的模块;中央处理器是电池管理系统的控制结构,对其他模块发送控制指令;均衡管理模块、热管理模块、充放电控制模块是执行模块,依据接收的中央处理器的执行命令对电池组做出相应的调控。

图 6-28 为电池管理系统(BMS)控制模块架构图,BMS 功能主要由测量功能、核心算法和应用功能组成。测量功能包括:模组采样、PACK 采样、高压互锁、绝缘监测。核心算法包括:SOC、SOH(电池健康状态)、SOP(功率状态)和均衡。应用功能包括:上下电、充电、热管理、故障诊断等。不同的系统设计也不同,具体需要根据产品手册进行使用,特别是对于上位机软件的使用。

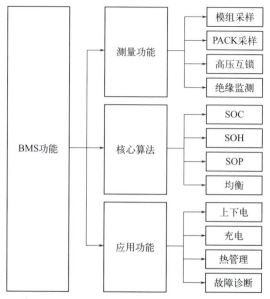

图 6-28 电池管理系统(BMS)控制模块架构图

BMS 主要分三类:集中式、分布式、半集中式,如表 6-3 所示。集中式 BMS 虽然通信简单、成本低廉,但存在连线多、可靠性低等不足。分布式 BMS 具有装配简单、易扩展的特点,但所需成本高,且需考虑通信隔离问题,具有复杂的控制过程。半集中式 BMS 部件较少,功能集中度高,结构比分布式更简单。集成化、通用化、智能化、云端大数据化也是 BMS 技术未来的发展趋势。

图 6-29 为云端动力电池模型训练与车辆的通信示意图。车辆终端电池管理系统采集电池包数据后,将数据传送给本地计算单元和云端电池管理系统,进行相关参数训练,并将本地计算的结果和云端计算结果进行对比,若参数有差异,选择相信云端计算结果,并让云端发送更新指令对终端进行更新。该种方式将会越来越受到重视和推广,可以极大降低车辆终端电池管理系统数据量的不足对模型

表 6-3　三类电池管理系统性能对比

类型	特征	优势	劣势
集中式	模块集中化程度高，无总线通信，适用于较小的电池包	通信简单，成本低	连线多，均衡时会有额外压降，可靠性低，电池数量少
分布式	一主多从结构，总线通信，电池模组功能独立，大电池	装配简单，连接灵活，线束均匀，易扩展	成本高，考虑通信隔离，控制复杂，设计复杂
半集中式	电池管理单元＋单体管理单元方式，集中式与分布式组合	部件较少，功能集中度高，结构比分布式更简单	成本较高

计算偏差的影响，也符合大数据、物联网的发展方向，同时可以降低车辆终端电池管理系统的成本，提供云端的可靠性路径。

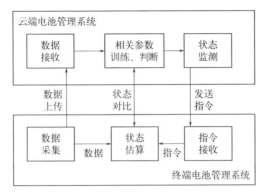

图 6-29　云端动力电池模型训练与车辆的通信示意图

图 6-30 为云端、车端动力电池模型数据估算示意图。云端电池管理系统需要实时监控电池状态，对系统进行相关保护，使电池组被安全使用并实现电池数据的实时上传和接收等功能。云端电池管理系统的功能包括电池实时采集、SOC 准确估算、数据实时传输、系统的均衡保护等功能。

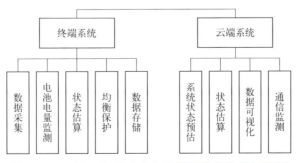

图 6-30　云端、车端动力电池模型数据估算示意图

6.5 电池管理系统原理图案例及功能分析

图 6-31 为动力电池管理系统（BMS）电路原理图。BMS（MCU）对电池单元进行电压测试与电量平衡，同时 BMS（MCU）通过温度与电流测量、充电开关、放电开关、通信等对电池单元进行管理和控制，最后控制电池组＋、电池组－对外供电。

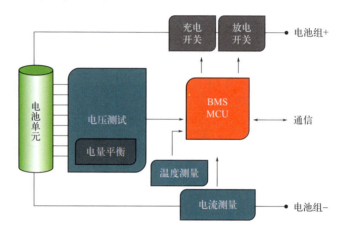

图 6-31　动力电池管理系统电路原理图

图 6-32 为动力电池管理系统的电压、温度、电流采集电路原理图，主要由一个主控盒、多个从控盒组成。电池管理系统是一种能够对蓄电池进行监控和管理的电子装置，通过对电压、电流、温度及 SOC 等参数的采集、计算，控制电池的充放电过程，实现对电池的保护，提升电池的综合性能，并通过内部 CAN 实现主控板与从控板的信息交互。

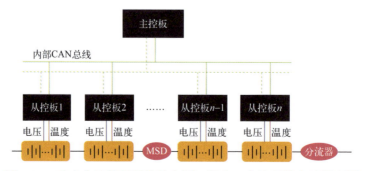

图 6-32　动力电池管理系统的电压、温度、电流采集电路原理图

目前常见的专用于电压采集的芯片有凌雁电子公司推出的 AD7280A 和凌力尔特公司推出的 LTC6083 等。图 6-33 为 LTC6083 电压采集应用图。单体电压的测量方法主要有直流电压法、开关切换法、共模电压法和使用专用芯片测量法等。LTC6083 芯片是可堆叠式架构，具有可以在 13ms 完成所有电池的测量、最多可以测量 12 个串联电池的电压、最大测量误差为 0.25%、可被动均衡等特点。

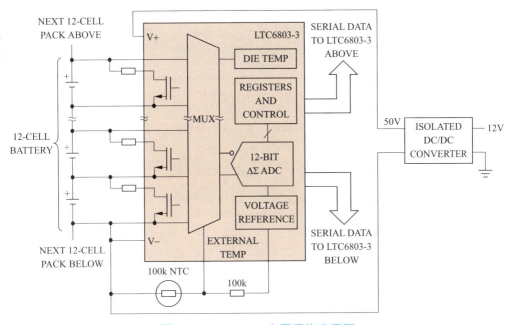

图 6-33　LTC6083 电压采集应用图

图 6-34 为 BQ76940 芯片采集应用图，该电路主要包括电池的电压、电流和温度采集三个部分。从图中可以看出，该芯片由电池组供电，芯片内部使用的 3.3V 电源则由 Q1 组成线性稳压电路提供。在首次使用时，需要给 TS1 引脚一个脉冲信号来激活芯片，让芯片进入正常工作状态。其中，BQ76940 芯片的 VC0 ～ VC15 引脚是电压采集端口，SRP 和 SRN 引脚是电流采集端口，TS1 ～ TS3 引脚是温度采集端口，SCL 和 SDA 引脚是 I2C 通信端口，ALERT 是报警输出端口。

图 6-35 为 Model 3 BMS 模块示意图，主要包括通信连接器、V/T（电压/温度）采样连接器、均衡电阻与采样电阻、AFE 前端处理芯片及电路、滤波电容、板内电容隔离通信、对外通信变压器等。

图 6-36 为 BMS 局部模块示意图，主要包括三极管、TVS 管、均衡电阻、采样电阻、均衡滤波电容、采样滤波电容等。

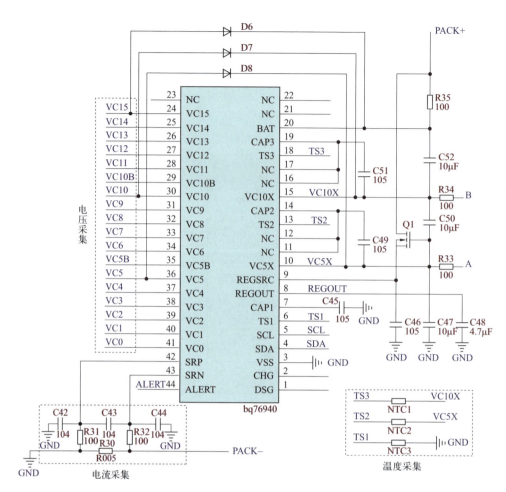

图 6-34　BQ76940 芯片采集应用图

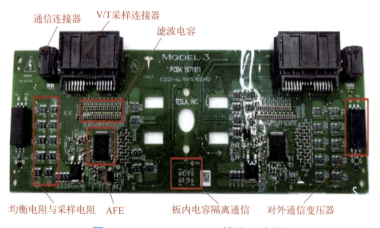

图 6-35　Model 3 BMS 模块示意图

图 6-36 BMS 局部模块示意图

图 6-37～图 6-39 为 BMS 展示图。图 6-37 中主要包括 BMS 从板端子、9 个 BMS 从板、BMS 主控制芯片、BMS 高压电压采集、BMS 控制 IO 口、BMS CAN 总线、BMS 电源部分等。其中，容易出现故障的部分有 BMS 从板采样控制模块的温度传感器、温度传感器采样端子连接、BMS 电源部分、BMS 控制 IO 口等，需要根据具体情况进行测量分析，如有些 BMS CAN 总线、从板与主板的隔离芯片等也可能有故障。

图 6-37 BMS 展示图 1

图 6-38 BMS 展示图 2

图 6-39 BMS 展示图 3

6.6 电池管理系统电芯内阻测试

图 6-40 为电池内阻等效电路示意图,电池内阻包括欧姆内阻和极化内阻。欧姆内阻由电极材料、电解液、隔膜电阻及各部分零件的接触电阻组成。极化电阻是指正极与负极进行电化学反应时极化所引起的内阻。图 6-40 中,R_1 为电池欧姆内阻,R_2、R_3 为极化电阻。电池欧姆内阻可理解为一个变化相对较小的常量,它主要与电池的材料体系、内部结构及连接形式等因素有关;相对来说,极化电阻受外界因素影响较大,电池的充放电流、工作环境温度和电池 SOC 状态等因素对它都有影响。对于电池内阻测试,采用不同的测试方式、不同的测试原理所测得的结果有所差异。根据测试方式及测试原理不同,电池内阻又可以分为交流内阻和直流内阻两类。动力电池一般选用直流内阻测试方法。

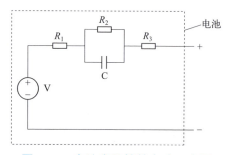

图 6-40 电池内阻等效电路示意图

图 6-41、图 6-42 为电池内阻测试图。用内阻测试仪对电池两端进行测量。对于内阻阻值,可参考不同电芯(电池)厂家相关说明,一般同类电池内阻高出 1 倍左右肯定有问题,需要进一步判断好坏或进一步处理。

图 6-41 电池内阻测试图 1

图 6-42 电池内阻测试图 2

6.7 动力电池绝缘电阻测试

电池的绝缘失效是一种常见的失效形式。电动汽车经过雨水浸泡腐蚀后，电池包及包内模组易出现绝缘故障，严重时将导致电池包内发生短路、拉弧，造成包内高压击穿、烧蚀及电化学腐蚀等失效损害，甚至会起火爆炸，给驾乘人员及周边环境带来严重危害。

在国家电动汽车标准体系中，电动汽车及动力蓄电池安全要求标准都对动力电池的绝缘性能做了明确要求：动力包或系统的绝缘电阻应不小于100Ω/V，整车交流电路应不小于500Ω/V。为了验证电池在各种使用场景下的绝缘鲁棒性，在产品设计开发过程中需要进行机械疲劳耐久、热疲劳耐久以及盐雾腐蚀等恶劣工况测试验证，并在测试过程中监控电池的绝缘性能。这里主要讲解对动力电池PACK进行的绝缘性能检测。

图 6-43 所示为动力电池系统中高压电绝缘检测电路，电池管理系统负责电池系统的高压电绝缘采样与管理，电池控制模块定期测量高压电母线对地的绝缘电阻，并将绝缘状态和电阻值通过 CAN 总线上报以通知整车相关控制器。电池控制模块通过交替控制开关 SW1 和 SW2，并分别附加已知电阻 R_1、R_2 及 R_3、R_4，使电压信号分压来动态测量电池系统正负输出端子相对于底盘/车身绝缘电阻 R_{high}、R_{low} 的大小。V_1 和 V_2 分别为闭合 SW1 和 SW2 后经分压所得电压测量值。分别闭

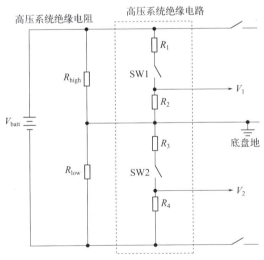

图 6-43　动力电池系统中高压电绝缘检测电路

合 SW1 和 SW2 测量,即可计算出 R_{high} 和 R_{low},更新计算出的 R_{high} 和 R_{low} 之后,取较小的值作为高压电绝缘电阻值上报。

图 6-44 为动力电池电绝缘检测示意图。选择量程在 1000V 挡位,连接兆欧表(绝缘测试仪或者绝缘表)负极到搭铁点,动力电池输出端端子 1 接正极表笔(注意:放电或者用万用表测量电压值,确保安全后进行绝缘检测),摁下测量点,显示 2GΩ,证明是绝缘的;端子 2 接正极表笔,显示 2.3GΩ,证明是绝缘的。

图 6-45 为动力电池泡水后的电绝缘故障检测图。动力电池泡水后,模组表面有许多水珠,如果时间比较长,连接端子有锈蚀现象,就容易出现绝缘故障,需要进行风干处理(在没有别的故障的前提下)。图中右边是诊断仪的故障码。

图 6-44　动力电池电绝缘检测示意图　　图 6-45　动力电池泡水后的电绝缘故障检测图

图 6-46 为动力电池鼓包后的电绝缘故障检测图。动力电池鼓包后容易出现绝缘故障,需要进行电路短路、电芯内阻、端电压等检查,然后制定合理的维修方案。有些车辆直接报动力系统故障、车辆无法启动,这一现象对于已使用 2 年以上的动力电池会比较常见。

(a) 电池鼓包:左右对比　　　　　　　　　(b) 电池鼓包:自身侧面基线对比

图 6-46　动力电池鼓包后的电绝缘故障检测图

图 6-47 为动力电池包壳体剐蹭损坏对比图，图中给出了动力电池包壳体剐蹭不同部位常见损坏的对比。绝缘检测、壳体修复、端子更换、壳体更换等具体操作根据情况来定。

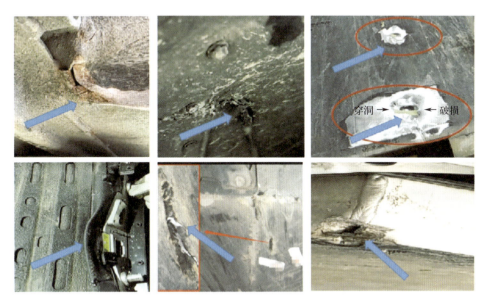

图 6-47 动力电池包壳体剐蹭损坏对比图

6.8 动力电池电芯均衡

动力电池常见的故障有：壳体破损、浸水、绝缘失效、高压端子破损、高压端子松脱、高压端子互锁故障、BMS 采集线松脱、BMS 采集芯片故障、BMS 采集线温度传感器偏差、BMS 电源芯片故障、IO 端口保护故障、模组单体压差过大、电池漏液、电池鼓包、电池老化、高压保险丝烧断、预充电电阻故障、散热系统故障、水道阻塞、密封垫损坏等。对不同的故障需要进行相应的系统诊断与维修，而不均衡是电池维修中的常见故障。

图 6-48 为不均衡的电池示意图，图 6-49 为均衡前后电池容量对比示意图。电池由于单节或者模组电量不同，出现锁电（有电量但放不出来，车辆续航缩短很多），如果排除电池的泡水、老化、破损、漏液、鼓包、开裂、绝缘故障等严重故障，整车诊断可参考以下关键顺序：①12V 电源；②DC/DC 充电及稳压器；③刹车压力；④CAN 总线；⑤预充电；⑥电池、电机、保险丝等；⑦电池绝缘、内阻、

均衡电路等。例如，采用比较老的工艺技术的电池，压差在 80mV 以上要做均衡；采用比较新的工艺和材料的，大概 40mV 以上要做均衡。具体参数需要参考产品维修手册。需要做均衡处理，延长续航里程。

图 6-48　不均衡的电池示意图

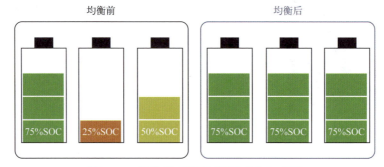

图 6-49　均衡前后电池容量对比示意图

图 6-50 为均衡仪接线示意图，具体参数如下：体积为 438mm×295mm×300mm，通道数为 24，充放电电压为 1.8～5V，单路放电电流为 1～20A，模组输出电压范围为 2～110V，模组充放电电流最大为 15A，输出电压精度为 ±0.1%FS（满刻度），显示屏尺寸为 5.7 英寸，保护功能为欠压保护、过压保护、过流保护、短路保护、缺相保护、反接保护。

接线时注意：总电压多少？总模组多少？然后确定均衡仪接入的路数。确认总正端子、总负端子，然后按顺序接线，如从低往高或者从高往低接线。也有不少操作人员根据电池模组的具体情况进行均衡前操作，如对于电压太低的模组先进行充电，对于电量太高的模组先进行放电，然后做均衡，根据均衡仪路数进行局部均衡，逐渐展开等。目前市面上的均衡仪最大的缺点是：在均衡时均衡夹子上没有带温度探头，即没有在每一路上接温度探头进行均衡时的温度监控，这意味着会有电池均衡使温度失控的次生灾害出现。请有条件地使用市面上的均衡仪。

图 6-51 为 20 串均衡仪显示示意图，即接了 20 路对电池进行均衡后的界面显示。

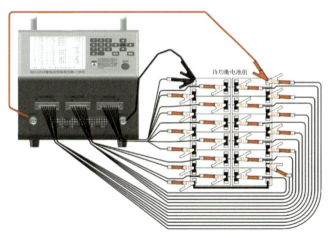

图 6-50 均衡仪接线示意图

图 6-51 20 串均衡仪显示示意图

图 6-52 为电池包数据解析示意图，主要包括：总电压、最大单体电压、最小单体电压、单体压差、最大单体温度、最小单体温度、单体温差、最大单体电压位置、最小单体电压位置、最大单体温度位置、最小单体温度位置、每个单体电压显示、每个单体温度显示等数据。需要根据数据，结合其他信息进行综合判断。

图 6-53 为电池包中测试单节电池示意图。电池包的模组有些可以检测单节电池的电压，图中用万用表电压挡测试单节电池电压（注意佩戴绝缘手套），根据模组的串联关系逐节测试；也可以负极表笔不动，依次移动红色表笔进行串联电压测试，比如结果为：3.285V、6.63V、9.75V、13.33V等。有些是几组并联后再串联，具体连接形式可以观察每节的连接片得知。

图 6-54 为电池均衡仪按顺序接线参考图，图中的 1、2 是一节电池，2、3 是一节电池，3、4 是一节电池，4、5 是一节电池，即共 4 节电池。如果每一节电池电压是 3.7V，对这 4 节电池进行均衡操作，设定输出均衡电压为 3.7V，这里不考虑电流（实际需要根据电池容量来设置电流数值），接线顺序分别是 1、2、3、4、5，它们之间的电压分别差 3.7V。

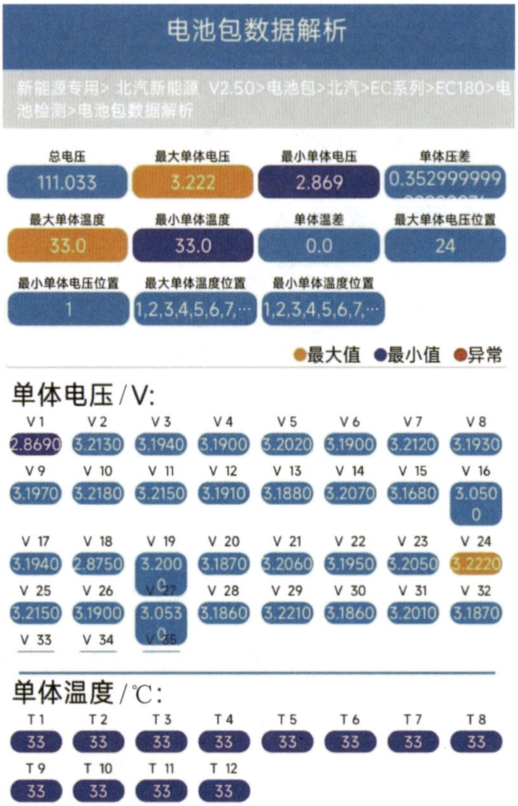

图 6-52 电池包数据解析示意图

图 6-53 电池包中测试单节电池示意图

图 6-54 电池均衡仪按顺序接线参考图

图 6-55 为动力电池包部分模块均衡、部分模块没有均衡接线参考图。根据均衡仪路数不同，先对整车电池包进行对应路数的局部均衡（图中没有夹均衡线的就没有同时做均衡），然后逐渐展开，直到全部均衡结束，不过这就延长了均衡时间。

图 6-56 为带内阻测试、容量计算的均衡示意图。随着新能源汽车动力电池维修内容的不断增加，有不少均衡仪带内阻测试、容量计算功能，通过有关参数判

图 6-55 动力电池包部分模块均衡、部分模块没有均衡接线参考图

断电池的好坏。例如，内阻明显偏大、容量明显偏小都是不正常的。图 6-57 所示为放电均衡及电池好坏的判断，图中已经给出了参考结果。

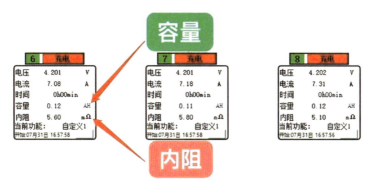

图 6-56 带内阻测试、容量计算的均衡示意图

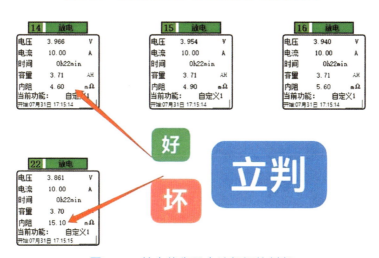

图 6-57 放电均衡及电池好坏的判断

6.9 动力电池压差故障的成因

动力电池压差故障的成因除了材料问题、正常老化等外，还有以下几项。

① 单体电池内部故障。单体电池内部结构比较复杂，所以不允许有任何的杂质，否则会引起电池内电芯内阻异常，造成单体电池电压跳变，电池会表现出压差较大现象。这种情况下可以通过万用表来进行检测，如果检测时确定某个单体电压相对高或相对低，那么可以确定是电池内部存在故障。针对这种故障进行维修时，需要将整个电池模组进行更换。当然，也有可能是单体电池自身的性能不好，进而造成电池压差较大。电池保存时间太长，不做充放电测试，就会表现出很严重的自放电现象，这也会影响单体电池电压，所以，对于这类单体电池要做放电平衡。

② 单体电池串联问题。新能源汽车的运行原理为：通过单体电池与动力电池的集体串联，为汽车供给更丰富的动力。因此，为了提升新能源汽车动力电池的功效，同其串联的单体电池数目往往并不少。这是在给动力电池提供能源后备保障的同时，产生电压，并以此作为协调动力电池压差不稳定情况的有效方法。这一方法固然能够增强动力电池的稳定性，具备一定可取之处，但同时也存在问题。就实际运行情况来看，一旦动力电池中所串联的单体电池发生问题，例如电池容量降低或是电池出现漏电等现象，都会导致动力电池压差问题的复发，影响新能源汽车运行的稳定性和安全性。

此外，动力电池中所串联的单体电池，还有出现硫酸盐化问题的可能性。如果此类问题出现，则电池电压会随之减小，动力电池的压差也会一同受到干扰。因此，负责新能源汽车问题检修的工作人员，在处理相关压差故障时，需要仔细检查单体电池的质量，也要对故障电池进行及时的更换，以此来进一步确保动力电池的压差稳定性。

③ 动力电池配电铜排问题。新能源汽车主要部件——动力电池，在内部构造上是十分复杂的。电池系统管理器的管理通道需要不断优化，主要原因就是：至今仍无法在动力电池运行的过程之中实现具备独立性质的、合理有效的管理与经营。

对于新能源汽车电池系统管理器难以独立运行的情况，当下的解决措施为：设置配电铜排作为辅助。辅助模组的基本配置，通常是装配连接配电铜排和电池。这一辅助模组一方面可以控制电池模组边缘漏电的问题，另一方面可以有效解决电池运行状态监管不当的弊病，对电池模组的工作情况进行严密监管，进而合理调整单体电池的电压。

但是，只要配电铜排出现运行故障，就会使电池模组的工作情况失去有效监督，进入异常状态。特别是在汽车行驶情况下，一旦配电铜排和电池模组接触不良，配电铜排监督压差的功能失效，就十分不利于保持电池压差的稳定性，从而影响到新能源汽车的整体运行状态。另外，配电铜排质量问题会影响管控电池模组压差。在专业检修工人的工作过程中，综合评判配电铜排是否存在隐藏质量问题，是最为重要的检测程序。此外，检测配电铜排和电池模组的接触效果也十分重要。

④ 动力电池低压线束问题。新能源汽车动力电池低压线束可以搜索与分析单体电池状态，如温度、电压，在采样线束基础上将单体电池与电池模组连接起来，采集温度与电压相关信息，向控制器传递过去，控制器能有效调整温度和电压值。低压线束在电池中难免会出现一些故障，这些都会在不同程度上影响电池的压差，导致电池寿命下降、运行状态不稳定等。所以，维修人员应当认真检查，找到故障根源所在。如若采样线束有短路和断路问题，需将线束更换。要是接触不良导致故障，应改善线束扩孔，再根据问题有针对性地处理。

⑤ 电池模组采样板故障。电池模组的构成有两种，分别是采样板、单体电池。单体电池之间是串联，采样板是在所有单体电池上，所以，打开电池模组时，就能看见采样板。如果动力电池出现多个电池电压异常，首先要考虑采样板的问题，从大概率上看，不会是单体电池生产工艺的问题，这是因为现代单体电池生产工艺相对成熟，电池模组中几个单体电池一同出现问题的概率几乎为 0。采样板可能表现出的故障是：电池采样芯片损坏，此时电池模组的功能不能正常发挥，并且电池模组会有烧损的痕迹；还有均衡和滤波电路出现问题，如电容短路等。如果经过检查确定是电池模组采样板问题，就需要换掉采样板。图 6-58 为动力电池采集线开裂示意图，图中圈出的部分为 FPC 采集线开裂。

图 6-59 为 3.2V 135Ah 刀片动力电池示意图。单节刀片动力电池（3.2V 135Ah）串联后需要分组控制，即从控与主控的关系。例如，10 个单节刀片动力电池构成一个从控板采集，则电压为 32V；如果有 15 个从控板，则是 480V 电压，135Ah 容量，电量估算为 480V×135Ah/1000=64.8kWh，如果乘用车按 15kWh/（100km）行驶，则续航 432km。

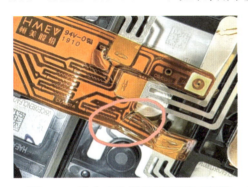 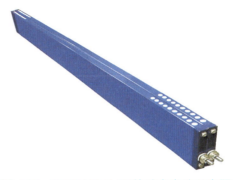

图 6-58　动力电池采集线开裂示意图　　图 6-59　3.2V 135Ah 刀片动力电池示意图

图6-60为刀片动力电池拼接示意图，由一块一块刀片电池紧密排列串联拼接而成，达到提高电压的目的。

图6-61为刀片动力电池包布局示意图，主要有：上盖板、胶黏剂、刀片电芯、底板等。

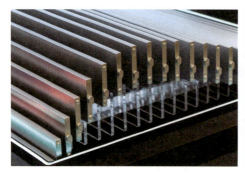

图6-60 刀片动力电池拼接示意图

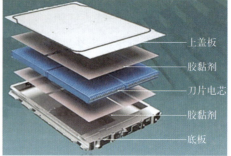

图6-61 刀片动力电池包布局示意图

刀片动力电池黏结后很难拆解，需要用专用化学药品，具体见产品售后维修手册。禁止强行拆解，否则会产生很多隐患。

图6-62为比亚迪刀片动力电池拆解示意图，此电池主要由刀片电芯、散热系

(a) 刀片电池(总电压333V)

(b) 刀片电池散热进出口管

(c) 刀片电池BMS主控板

(d) 刀片电池侧面串联

(e) 刀片电池串联激光焊接

(f) 刀片电池(单节3.2V)

(g) 14个刀片电池共用一个BMS从板

图6-62 比亚迪刀片动力电池拆解示意图

统和高压控制部分组成。高压控制部分主要是总正继电器、总负继电器、保险丝、总正连接片、总负连接片等。采样电路板在侧面。

图 6-63 为刀片动力电池包主要模块示意图，主要包括：刀片模组、-母排、配电盒、+母排、采样单元等。

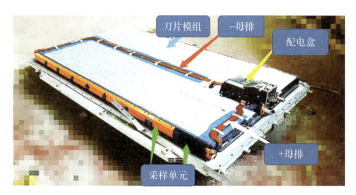

图 6-63　刀片动力电池包主要模块示意图

图 6-64 为麒麟动力电池（CTP3.0）特点示意图。此电池具有能量密度高（255Wh/kg）、安全性好、4C（4 倍充电速率）快充性能、系统集成度高、导热性能好等特点。

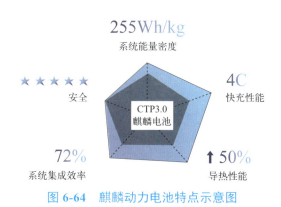

图 6-64　麒麟动力电池特点示意图

图 6-65 为麒麟动力电池包结构组成示意图，主要包括冷板、电芯、托盘、护板等。图 6-66 为麒麟动力电池多功能弹性夹层示意图，此夹层可提高动力电池包碰撞安全性。

图 6-67 为麒麟动力电池包内部电气组件示意图，主要包括高压铜巴、低压线束、高压线束、电池管理系统、高压接线端子、高压继电器、保险丝、端子盖板等。图 6-68 为麒麟动力电池包整体示意图。

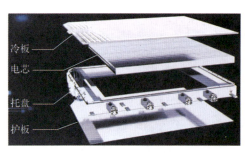

图 6-65 麒麟动力电池包结构组成示意图

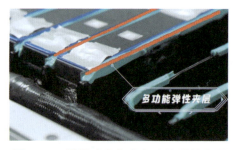

图 6-66 麒麟动力电池多功能弹性夹层示意图

图 6-67 麒麟动力电池包内部电气组件示意图

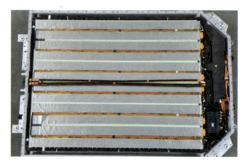

图 6-68 麒麟动力电池包整体示意图

图 6-69 为动力电池从整车上拆解后的启动连接示意图，需要四种信号，分别是电池包接地、给采集端黄线黑端接 12V 电压、接上 CAN 盒的 CAN-H 和 CAN-L、上位机软件等。通过上位机软件连上电脑，就可以查看整个电池的数据，并进行从整车上拆解后的故障判断。

图 6-69 动力电池从整车上拆解后的启动连接示意图

图 6-70、图 6-71 所示为动力电池封盖端子外接插针测试。动力电池包上、下盖板密封打胶，有的选用电池包整体数模垫片，具体方式根据工艺要求来选用。动力电池控制端子有时需要通过外接插针进行测试，需要借助各种转接口、插针、动力电池上位机等工具。

图 6-70　动力电池包打胶封盖　　　图 6-71　动力电池控制线插针外接测试

图 6-72 为动力电池模组电芯鼓包、漏液示意图，图中给出了几个动力电池模组电芯鼓包、漏液的案例，供大家参考。

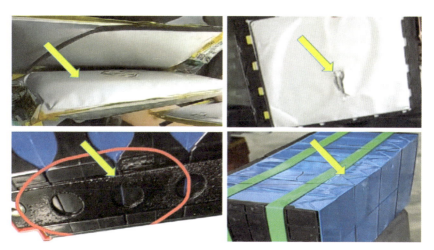

图 6-72　动力电池模组电芯鼓包、漏液示意图

动力电池管理系统对于保障电动汽车电池组的安全及使用寿命，最大限度发挥电池系统效能具有重要作用。通常对单体电压、总电压、总电流和温度等进行实时监控采样，并将实时参数反馈给整车控制器。若动力电池管理系统发生故障，就失去对电池的监控，不能估计电池的荷电状态，容易造成电池过充、过

放、过载、过热,以及不一致性的问题增加,影响电池的性能、使用寿命甚至行车安全。

动力电池管理系统常见故障类型包括:CAN 系统通信故障、无法上高压电、BMS 电路故障、电压采集异常、压差过大、锁电、继电器损坏、温度采集异常、绝缘故障、内外总电压测量故障、预充电电阻损坏、无法充电、电流显示异常故障、高压互锁故障等。下面主要描述一些关键故障及诊断方法,供读者参考。

① CAN 通信故障:CAN 线或电源线脱落、端子退针都会导致通信故障。在保证 BMS 供电正常的状态下,将万用表调至直流电压挡,红表笔触碰内部 CANH,黑表笔触碰内部 CANL;测量通信线路的输出电压,即通信线路内部 CANH 与 CANL 之间的电压,正常电压值为 1~2V,若电压值异常,则可判定为 BMS 硬件故障,需更换。红表笔触碰内部 CANH,黑表笔触碰控制系统地,测量通信线路的 CANH 对地的输出电压,正常电压值为 2.5V 左右;红表笔触碰内部 CANL,黑表笔触碰控制系统地,测量通信线路的 CANL 对地的输出电压,正常电压值为 1.5V 左右。如果电压不正常,还需要用 CAN 总线分析仪等工具进一步判断才能够确认。

② 无法上高压电:钥匙从 ACC 挡(辅电上电后)到 ON 挡(有些车型是 START 挡)后,没有办法上高压电,有些诊断仪也没有故障码。操作建议:钥匙从 ACC 挡到 ON 挡过程延长时间(预充电时间要满足),钥匙从 ACC 挡到 ON 挡过程连续反复操作几次(电容预充电可以在上次的基础上再充电),检查低压控制电源,检查电池总正保险丝,检查预充电电阻有无损坏,检查电池总正高压继电器,检修电池总负高压继电器。以上操作如果都没有解决问题,说明是其他部分出现问题,重点先解决其他部分的问题,也许等其他部分问题解决了,无法上高压电的问题自然就解决了(内部设计的很多逻辑相互制约,因此需要培养系统的问题分析能力、系统的诊断能力)。

③ BMS 电路故障:

a. BMS 的供电电压不稳:首先测量整车接插件处,检查整车给 BMS 的供电电压是否有稳定的输出。

b. 接插件退针或损坏:低压通信航空插头退针会导致从板无电源或从板数据无法传输到主板,应检查插头和接插件,发现退针或损坏时进行更换。

c. 控制主从板问题:查看主从板拓扑结构、通信方式,监控主从板通信。

④ 电压采集异常:

a. 电池本身欠压:将监控电压值与万用表实际测量的电压值对比,确认故障后更换电池。

b. 采集线端子紧固螺栓松动或采集线与端子接触不良:螺栓松动或端子接触

不良会导致单体电压采集不准，此时轻摇采集端子，确认接触不良后，紧固或更换采集线。

c. 采集线保险丝损坏：测量保险丝阻值。

d. 从板检测问题：确认采集电压与实际电压不一致，若其他从板采集电压与电池电压一致，则需要更换从板并收集现场数据，读取历史故障数据，进行分析。

⑤ 温度采集异常：

a. 温度传感器失效：若单个温度数据缺失，检查中间对接插头，若无连接异常，可确定为传感器损坏，更换即可。

b. 温度传感器线束连接不可靠：检查中间对接插头或者控制口温度传感器线束，发现松动或者脱落，应更换线束。

c. BMS 存在硬件故障：监测发现 BMS 无法采集整口温度，并确认从控制线束到转接头再到温度传感器探头的线束导通正常，则可判定为 BMS 硬件问题。查找有关硬件设计电路，如果有问题，可以更换器件。

⑥ 绝缘故障：动力电池管理系统中工作线束的接插件内芯与外壳短接、高压线破损而与车体短接会导致绝缘故障，同时，电压采集线破损而与电池箱体短接也会导致绝缘故障。

a. 高压负载漏电：依次断开 DC/DC 变换器、PCU、充电机、空调等，直到故障解除，对故障件进行更换。

b. 高压线或连接器破损：使用兆欧表或者绝缘表进行测量，检查确认后进行更换。

c. 电池箱进水或电池漏液：对电池箱内部进行处理或更换电池。

d. 电压采集线破损：确定电池箱内部漏电后检查采集线，若发现破损，进行更换。

e. 高压板检测误报：对高压板对应电路进行检测分析，如果有问题，就更换部分器件进行维修。

⑦ 内部总电压检测故障：

a. 总压采集线两端端子连接不可靠：用万用表测量检测点总电压与监控总压并对比，检查检测线路，若发现连接不可靠，进行紧固或更换。

b. 高压回路连接异常：用万用表测量检测点总压与监控总压，并进行对比，从检测点依次检查维修开关、螺栓、连接器、保险丝等，若发现异常，进行更换。

c. 高压板检测故障：对高压板对应电路进行检测分析，如果有问题，就更换部分器件进行维修。

⑧ 无法充电：对充电机四类信号，即高压输出电源、CAN 通信信号、低压电源、控制握手信号等进行逐一检测。

6.10 动力电池电芯激光焊接

图 6-73 为动力电池激光焊接示意图,图中对于单体电芯电池防爆阀、转接片、电池连接总线等进行了展示,具体工艺需要参考有关手册确定。

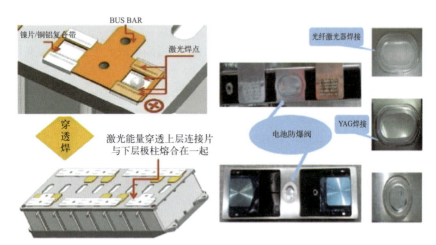

图 6-73　动力电池激光焊接示意图

图 6-74 为动力电池激光焊接设备展示图。传统的电阻焊接有温度不好控制、产品质量一致性差等问题。随着激光焊接工艺优点的不断体现,动力电池激光焊接已经在电池维保中的电池模组焊接、温度电压采集板 FPC 的焊接等方面发挥重要作用,拆解等操作都需要激光焊接设备,具体参照产品说明书进行使用。

图 6-74　动力电池激光焊接设备展示图

第 7 章

新能源汽车电动空调及控制器

7.1 新能源汽车电动空调系统基本组成部分

图 7-1 为新能源汽车空调系统组成示意图。空调制冷部分主要由压缩机、冷

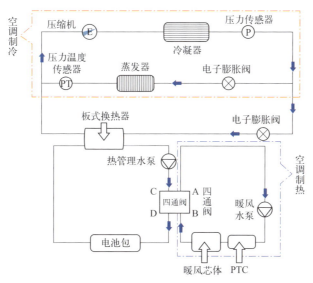

图 7-1　新能源汽车空调系统组成示意图

143

凝器、压力传感器、电子膨胀阀、蒸发器、压力温度传感器、板式换热器等构成；空调制热部分主要由电子膨胀阀、板式换热器、热管理水泵、四通阀、电池包、暖风水泵、暖风芯体、PTC等构成。通过空调制冷、空调制热分别对驾驶舱、动力电池包等进行热管理。不同的系统架构设计有所不同，如动力驱动电机及控制器等也可能像动力电池包一样，其管理系统由空调制冷、空调制热等系统一起管理。图 7-2 为新能源汽车空调系统布置示意图。

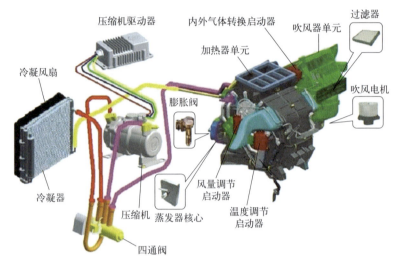

图 7-2　新能源汽车空调系统布置示意图

图 7-3 为新能源汽车空调系统关键部件示意图，图中可见板式换热器、电子膨胀阀、电动压缩机、暖风四通阀、PTC、暖风芯体、冷凝器、蒸发器等。图 7-4 为几款新能源汽车空调压缩机部件示意图。

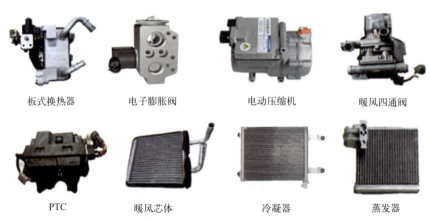

图 7-3　新能源汽车空调系统关键部件示意图

图 7-4 几款新能源汽车空调压缩机部件示意图

新能源汽车空调系统工作原理主要由以下几个部分组成。

① 制冷。新能源汽车空调制冷系统与传统燃油汽车空调制冷系统的区别是压缩机驱动方式发生变化：新能源汽车空调压缩机采用电驱动方式，而传统汽车绝大多数采用发动机传动带驱动。在制冷系统中，压缩机起着压缩和输送制冷剂的作用，是整个制冷系统的心脏。膨胀阀对制冷剂起节流降压作用，同时调节进入蒸发器的制冷剂液体流量。蒸发器是输出冷气设备：制冷剂在其中吸收空气的热量，实现空气降温。冷凝器是放出热量设备：制冷剂从蒸发器中吸收的热量，连同压缩机消耗机械能所转化的热量一起经冷凝器散到大气中。压缩机输出侧、高压管路、冷凝器和储液干燥器构成高压侧；蒸发器、低压管路、压缩机输入侧、低压管路和蒸发器构成低压侧。压缩机和膨胀阀是空调系统高、低压侧的分界点。

② 压缩过程：汽车空调压缩机吸入蒸发器出口的低温低压制冷剂气体，把它压缩成高温高压气体排出压缩机，经管道进入冷凝器。

③ 冷凝过程：高温高压的过热制冷剂气体进入冷凝器后，由于温度降低，达到制冷剂的饱和蒸气温度，制冷剂气体冷凝成液体，并放出大量热。

④ 膨胀过程：温度和压力较高的制冷剂液体通过膨胀装置后体积变大，压力和温度急剧下降，以雾状排出膨胀装置。

⑤ 汽化过程：雾状制冷剂液体进入蒸发器，由于压力急剧下降，达到饱和蒸气压力，制冷剂液体蒸发成气体。蒸发过程中制冷剂吸收大量热，变成低温低压气体后，再次循环进入压缩机。

图 7-5 为新能源汽车空调系统工作原理示意图。制冷剂从压缩机的入口低压进入，经过压缩机做工后变成高温高压气体状态，在冷凝器的作用下变成高温高压液体状态，经过蒸发器吸热后，变成高温低压气体，高温低压气体进入压缩机，如此反复工作。

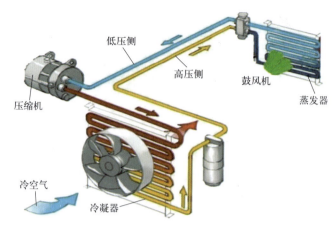

图 7-5　新能源汽车空调系统工作原理示意图

图 7-6 为新能源汽车空调系统制冷工质（制冷剂）工作过程温度、压力等参数示意图。中温高压液体（1500～1800kPa，70～80℃），经过干燥瓶、电子膨胀阀后转变成低温低压液体（200～500kPa，10～20℃），经过蒸发器时由于热量从空气进入制冷剂而转变为中温低压气体（200～300kPa，5～10℃），经过电动压缩机后转变成高温高压气体（1500～1700kPa，80～90℃），经过冷凝器时由于热量从制冷剂进入空气，转变成中温高压液体（1500～1800kPa，70～80℃）。

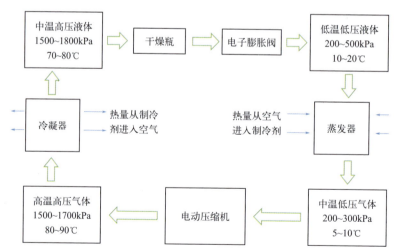

图 7-6　新能源汽车空调系统制冷工质工作过程温度、压力等参数示意图

图 7-7 为新能源汽车空调系统 PTC 制热工作过程示意图。水泵推动冷却液在加热管道回路系统运动，并把 PTC 加热产生的热量带走，通过暖风芯体，让冷却液与环境进行热量的交换，达到加热目的。

水泵 → PTC → 暖风芯体

图 7-7　新能源汽车空调系统 PTC 制热工作过程示意图

图 7-8 为新能源汽车空调热泵系统组成示意图，主要分为室内机组和室外机组。室内机组主要包括输入输出管道、低压阀、高压阀、室内换热器等；室外机组主要包括四通阀、分离器、压缩机、室外换热器、干燥过滤器 1、主毛细管、单向阀、辅助毛细管、干燥过滤器 2 等。四通阀是新能源汽车空调热泵的双制式切换关键部件，用于实现空调的加热、制冷工作模式。

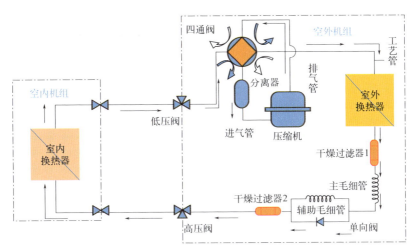

图 7-8　新能源汽车空调热泵系统组成示意图

7.2　新能源汽车电动空调控制器举例及功能分析

图 7-9 为新能源汽车电动空调系统开发示意图。开发者通过 RS485 通信（也可以是其他的方式，如 RS232、无线蓝牙、WiFi 等）用上位机软件对新能源汽车电动空调控制系统进行标定、测试、监控、诊断等操作，维修新能源汽车电动空调控制系统也可以借助上位机。如果要获得该上位机，需要与主机厂或空调控制器厂家取得联系。空调主控系统主要是空调的控制器，比如空调控制系统的面板、控制器等，也可以通过新能源汽车整车控制器来实现空调控制。空调压缩机控制系统主要由电源、主控单元、电机驱动模块、空调压缩机电机反馈信号、RS485 通信等构成。空调压缩机电机是执行机构，并且只能单方向运动、调速。如果控

制系统在方向上没有严格设计和保障，不排除反方向运动造成电动压缩机涡旋损坏。本书后面对该电动压缩机涡旋盘故障有所描述。

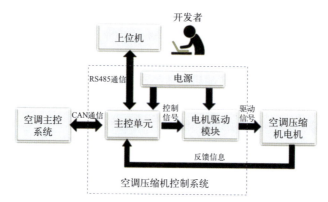

图 7-9　新能源汽车电动空调系统开发示意图

图 7-10 为某款纯电动汽车空调控制器控制拓扑示意图，主要由空调控制器舒适网 CAN 总线、空调控制面板、空调压缩机、鼓风机、PTC、LIN 总线等构成。空调控制器主要由以下部分构成：芯片 S32K14x、电源（SBC、LDO）、ADC&GPIO 多路模拟开关输入（室内温度传感器、环境温度传感器、出风口温度传感器、湿度传感器、空气质量传感器、执行器电机反馈、AC 反馈信号）、CAN 收发器、

图 7-10　某款纯电动汽车空调控制器控制拓扑示意图

LIN 收发器、多路 H 桥驱动 - 风门电机（有刷直流）、多路低边驱动 - 电磁膨胀阀（步进电机）、低边驱动 - 继电器与各类阀门等。

图 7-11 为某款纯电动汽车空调控制器、主板控制板总成示意图，包括电动汽车空调控制器、主控制板、驱动电机控制板、空调总成等。

图 7-11 某款纯电动汽车空调控制器、主板控制板总成示意图

图 7-12 为某款纯电动客车空调控制器、主板控制板示意图，包括纯电动客车空调控制器主控制板、驱动控制板。

图 7-12 某款纯电动客车空调控制器、主板控制板示意图

图 7-13 为某款新能源汽车电动压缩机主控制框图，高压主电路部分：HV 蓄电池通过高压端子接入控制器后，提供一个电压源，由电源电路来实现，该电源电路为 CPU、IGBT 驱动模块等提供电源。注意：电源电路为常见易损坏部分之一。

IGBT、门驱动可以是分立的,也可以是集成的模块,IGBT 模块为常见易损坏部分之一。借助采集的各种传感器信号,在 CPU 的控制下,HV 蓄电池直流电经过 IGBT 驱动模块驱动直流无刷电机进行旋转,直流无刷电机进行旋转时带动涡旋盘的动盘与涡旋盘的静盘一起运动(压缩做功)。

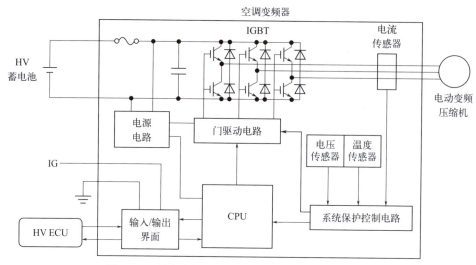

图 7-13　某款新能源汽车电动压缩机主控制框图

图 7-14 为空调控制器主电路电机 A 相换 B 相过程示意图。直流高压 U_d 从正极经过图中虚线及箭头,经过 IGBT 功率管 VT3、电机 B 相绕组、中心点 N、电机 C 相绕组、IGBT 功率管 VT2 回到直流高压 U_d 负极,IGBT 功率管 VT6 上一刻的导通工作状态在这一刻关断并且由续流二极管 VD4 完成续流,续流路径由直流

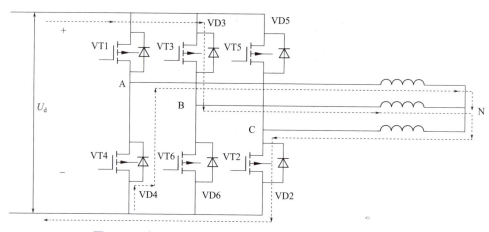

图 7-14　空调控制器主电路电机 A 相换 B 相过程示意图

高压 U_d 负极、电机 A 相绕组在中心点 N 进行汇集。其他状态根据导通开关控制表来实现，从而实现电机的调速控制，最终达到控制制冷量的目的。

图 7-15 为功率 IGBT 集成模块及引脚示意图，具体模块需要查阅有关手册确定。

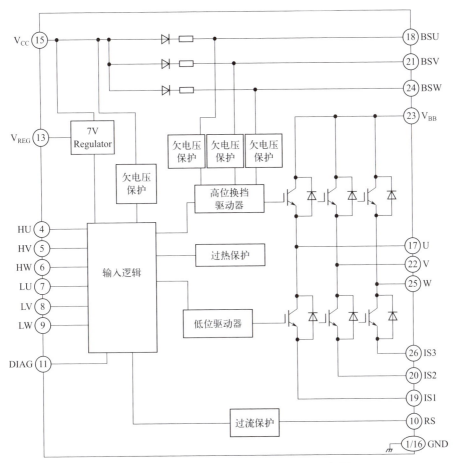

图 7-15　功率 IGBT 集成模块及引脚示意图

图 7-16 为功率 IGBT 集成驱动模块接线示意图，具体接线需要参考芯片产品手册及有关设计文档确定。图 7-17 为带控制板的功率 IGBT 集成模块示意图。

图 7-18 为某种空调控制器的反电势过零点比较控制电路设计图，图中可见：重构中性点法、空调控制器高压 1/2 母线电压法、2 选 1 电阻、过零比较器电路、电机 W 相（U 相、V 相、W 相共三相，图中只给出了一相部分）的电压采集与分压。过零比较器输出控制电机 W 相脉冲开关，从而控制电机 W 相与设定一致，U 相、V 相以此类推，从而实现电机的设定运动控制。

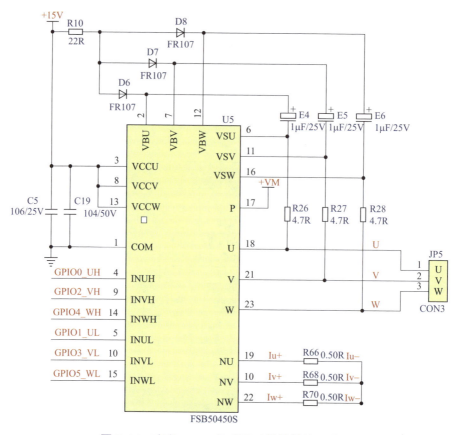

图 7-16 功率 IGBT 集成驱动模块接线示意图

图 7-17 带控制板的功率 IGBT 集成模块示意图

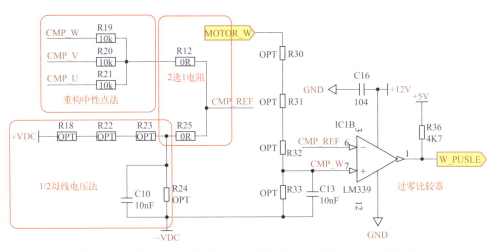

图 7-18 某种空调控制器的反电势过零点比较控制电路设计图

图 7-19 为某款新能源汽车电动空调控制器模块标注示意图，为空调控制器维修检测提供参考。具体的故障排除和电路维修需要主机厂、部件公司或者专业的控制器维修公司来实施，还需要 CPU 软件、标定上位机软件、协议等，维修测试设备也是必需的。

图 7-19 某款新能源汽车电动空调控制器模块标注示意图

图7-20为海立空调控制板示意图，图中可见高压采样电阻、R033F电流采样电阻、驱动芯片、电流采样、输入电感、2484V18线性稳压器、通信接口、CAN通信共模电感、CTM1051K通信模块、2484V50线性稳压器、IGBT温度采样输出脚、24V稳压管、电容、12V低压电源接口、DC/DC隔离电源模块、15V驱动电压输入脚、PWM信号输入脚、AT24C256存储器、248FV33线性稳压器、MCU主控芯片等。维修时需要根据电路设计逻辑进行测试与判断。

图7-21为两款新能源汽车电动空调控制器对比示意图。图7-22为某款新能源汽车电动空调控制器控制板示意图。图7-23为某款新能源汽车电动空调控制器驱动功率管对比图（正反面）。

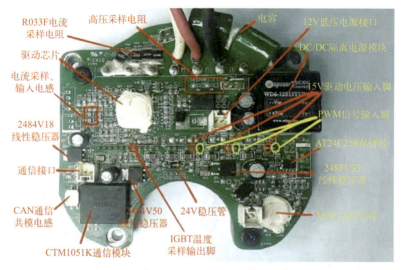

图7-20 海立空调控制板示意图

图7-21 两款新能源汽车电动空调控制器对比示意图

图 7-22 某款新能源汽车电动空调控制器控制板示意图

图 7-23 某款新能源汽车电动空调控制器驱动功率管对比图（正反面）

图 7-24 为全封闭涡旋式电动压缩机示意图，主要由吸气管、排气孔、排气腔、静涡旋体、排气通道、排气管、动涡旋体、十字连接环、背压腔、上轴承、机壳、下轴承、电动机腔、曲轴、电动机、油池等构成。

图 7-25 为某款新能源汽车涡旋式电动压缩机关键部件示意图。该图对主要部件进行了标注，如通信接口、12V 直流电源、高压直流电源、逆变器、无刷电机、涡旋盘等。具体的使用或测试需要参照产品说明书。

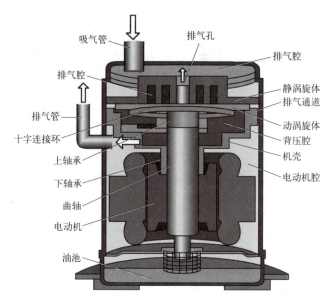

图 7-24 全封闭涡旋式电动压缩机示意图

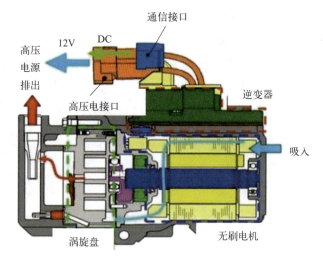

图 7-25 某款新能源汽车涡旋式电动压缩机关键部件示意图

图 7-26 为某款新能源汽车涡旋式电动压缩机部件实物图，主要有压缩机、交流电机以及控制单元等。图 7-27、表 7-1 分别为某款新能源汽车涡旋式电动压缩机端子定义图、定义表。

图 7-28 为多种新能源汽车涡旋式电动压缩机对比图，指出了不同的电机壳体、电机转子、电机定子、涡旋盘等关键部件。

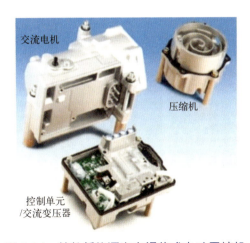
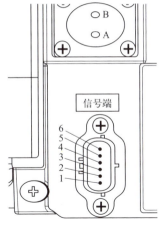

图 7-26　某款新能源汽车涡旋式电动压缩机部件实物图

图 7-27　某款新能源汽车涡旋式电动压缩机端子定义图

表 7-1　某款新能源汽车涡旋式电动压缩机端子定义表

接插件	端口	接口定义	备注
高压两芯（动力接口）	A	高压正	控制器与动力电池连接
	B	高压负	
低压六芯（控制信号接口）	1	12V DC 正极	
	2	空调开关信号输入	高电平或悬空为关闭（OFF），低电平或接地为开启（ON）。高电平输入范围：5～15V DC，15mA；低电平输入范围：0～0.8V DC，15mA
	3	空调调速信号输入	信号形式为 400Hz PWM 占空比信号，电压：0～15V。高电平 5～15V，15mA。低电平 0～0.8V
	4	12V DC 负极	
	5	CAN-H 接口	
	6	CAN-L 接口	

图 7-28　多种新能源汽车涡旋式电动压缩机对比图

图 7-29 为某款纯电动客车空调驱动电机转子、壳体总成示意图，包括空调系统电机转子、壳体、驱动电机总成。

(a) 空调系统的电机转子　(b) 新能源汽车空调系统壳体　(c) 新能源汽车空调系统

图 7-29　某款纯电动客车空调驱动电机转子、壳体总成示意图

图 7-30 为新能源汽车涡旋式电动压缩机涡旋盘不同角度工作原理图。电动压缩机带动涡旋盘单方向转动，图中分别给出涡旋盘 0°、240°、480°、720°、960°等不同角度工作过程，体现气体的吸入、压缩排出等过程。由于机械加工精度、安装、密封、高可靠性设计等方面因素，特别是压缩机与整车一起运动、颠簸等，目前的电动压缩机涡旋盘机械损坏占新能源汽车涡旋式电动压缩故障总数的 40% 以上。

图 7-30　新能源汽车涡旋式电动压缩机涡旋盘不同角度工作原理图

图 7-31 为电动汽车 PTC 水暖系统框图。PTC 加热器是水暖系统制热最关键的部件，它的硬件电路框图如图 7-31 左下角所示。加热器整个电路以单片微型控制器（MCU）作为核心，与其余电路连接。其中，辅助电源电路用来提供低压电压源为其他模块供电；温度采集电路用来采集进、出水口温度和 IGBT 表面温度；过欠压监测电路用来测量电池两端的电压范围；IGBT 驱动电路可控制六个 IGBT 的通断，每个 IGBT 对应控制一个 PTC 组件（由于总额定功率为 10kW，单个 PTC 组件额定功率为 1.8kW，所以需要 6 个组件）；过流保护电路在任一 IGBT 回路过流时进行锁定切断，剩余回路也可继续工作；CAN 总线电路在实车工况下与整车控制器连接并建立 CAN 通信。

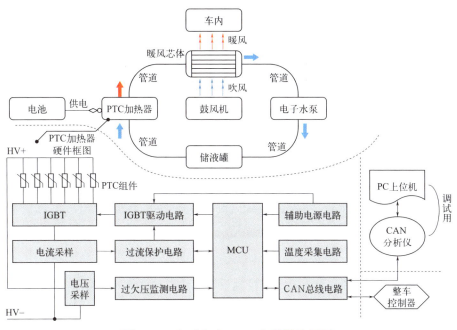

图 7-31　电动汽车 PTC 水暖系统框图

图 7-32 为电动汽车 PTC 水暖结构图。高压 PTC 在结构上分为加热器芯体和控制器两个部分，加热器芯体根据功率大小由若干组加热棒组成。图中有高压接插件、控制盒、低压接插件、加热棒总成、散热翅片等。

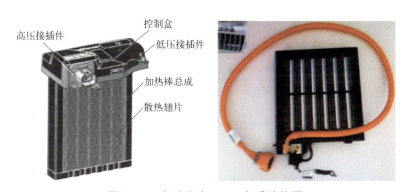

图 7-32　电动汽车 PTC 水暖结构图

图 7-33 为电动汽车 PTC 空气加热、水加热对比图。

空气加热：优点是成本低，易于布置，加热快；缺点是有异味，车内空气干燥，无法给电池加热。

水加热：优点是舒适性好，可以同时为电池加热；缺点是由于需要配水管，综合成本较高，布置较复杂，加热速度慢。

(a) 空气加热

(b) 水加热

图 7-33 电动汽车 PTC 空气加热、水加热对比图

7.3 新能源汽车电动空调控制器检测及常见故障分析与修复

图 7-34 为新能源汽车电动空调控制系统上位机软件界面示意图。通过该测试软件，可以监控冷工质（制冷剂）的整个过程状态、传感器状态、压缩机转速等：从压缩机入口低压进入（气体的压力、温度），经过压缩机做工后变成高温高压气体状态（气体的压力、温度），在冷凝器的作用下变成高温高压液体状态，由膨胀阀（膨胀阀前气体的压力、温度）进入蒸发器（气体的压力、温度）吸热后，变成高温低压气体，高温低压气体进入压缩机等状态。图 7-35 为新能源汽车电动空调控制系统测试系统示意图，图中标注出了主要的部分，如电流钳、实验电机、示波器、驱动控制板、上位机（协议及控制）、高压隔离电源（提供可编程高压隔离电源，以便适应不同电压等级的空调直流高压电源）等。

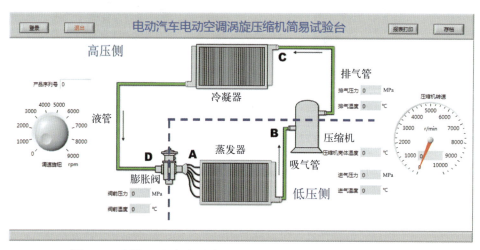

图 7-34 新能源汽车电动空调控制系统上位机软件界面示意图

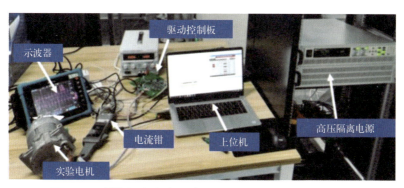

图 7-35　新能源汽车电动空调控制系统测试系统示意图

图 7-36 为新能源汽车电动空调控制系统功率驱动管检测示意图。通过万用表的短路检测挡检测功率管门极（G）、漏极（D）、源极（S）之间的导通，从而判断功率管的好坏；同理，IPM 的检测也需要判断。建议用专用工具检测，同时对于主要驱动级、电源芯片的输出、保护等检测与修理，只有在所有条件具备的情况下换上功率器件才能够彻底修复，否则会出现重复烧功率管的情况。还有整车高压系统及电源不稳定问题，即使修好了，上车跑一段时间后还会出现损坏现象。所以对于新能源汽车高压控制器的维修要从系统级别进行判断，否则容易导致维修不彻底，反复维修，而问题又得不到彻底解决，导致维修费用高、维修门店声誉不好、客户投诉等问题。

(a) 电机驱动功率管检测

(b) 集成电机驱动功率管IPM检测

图 7-36　新能源汽车电动空调控制系统功率驱动管检测示意图

图 7-37 为电机转子扫膛后的定子内圈与涡旋盘损坏示意图。图中电机转子扫膛后，定子内圈故障现象主要成因是机械磨损造成电机定子与转子间隙得不到保证，该现象也会造成电机的磁路短路或者控制器损坏。涡旋盘损坏主要由机械磨损或电机控制器反转造成，具体原因需要逐一排除。

161

(a) 电机转子扫膛后的定子内圈　　　　　　　　(b) 涡旋盘损坏

图 7-37　电机转子扫膛后的定子内圈与涡旋盘损坏示意图

第 8 章

新能源汽车充电系统

8.1 新能源汽车慢充标准及接口

图 8-1 为车辆与电网充电桩连接示意图。电网中的电是交流电，电网通过交流充电桩、直流充电桩与车辆相连。交流充电桩把电网的交流电输送到车载充电机，车载充电机把交流电转换为直流电给车辆动力电池充电；直流充电桩把电网的交流电转换为直流电给车辆动力电池充电。

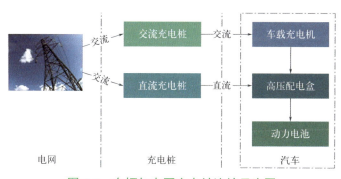

图 8-1 车辆与电网充电桩连接示意图

图 8-2 为车辆直流、交流充电连接端子图。不同标准的接口形式不同，使用时需根据具体标准查阅，但基本原理大同小异。图 8-3 为车辆直流、交流充电连接

端子在车上的布置示意图，图 8-4 为车辆交流、直流充电连接布置示意图。表 8-1 为充电方式参考表。

图 8-2　车辆直流、交流充电连接端子图

图 8-3　车辆直流、交流充电连接端子在车上的布置示意图

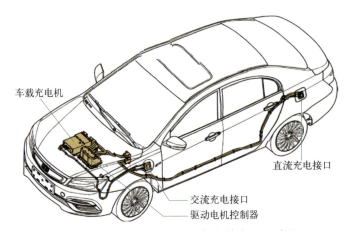

图 8-4　车辆交流、直流充电连接布置示意图

表 8-1　充电方式参考表

充电方式	充电类型	额定电压、电流	与车辆通信	充电插头连接位置
交流充电	一级交流充电	220V AC，16A	无	插座
	二级交流充电	220V AC，8～16A	通过便携式充电器内的模块	插座
	三级交流充电	220V AC，16～63A	通过充电站/桩内的模块	交流充电桩
直流充电	直流快速充电	380V DC，30～300A	通过充电站/桩内的模块	非车载充电机（柜）

图 8-5 为新能源汽车充电及系统能量流动示意图。交流充电口能接收交流充电桩的电能，并通过高压线束将电能输送给车载充电机，车载充电机将交流电（AC）转化为直流电（DC）再传输给高压配电盒，高压配电盒再经过直流母线将直流电传递给动力电池为其充电。

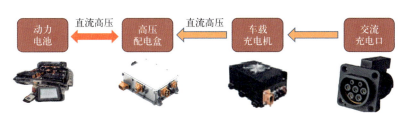

图 8-5　新能源汽车充电及系统能量流动示意图

图 8-6 为车辆交流充电连接详细接线示意图。交流充电口能接收交流充电桩电能，并通过高压线束将电能输送给车载充电机，供电设备提供交流慢充接口，交流慢充接口提供 CP（控制导引）、CC（充电连接确认）（CP 与 CC 共称握手信号）、N 和 L（交流电源）、PE（保护接地）等接口。交流慢充接口与车载充电机相连，车载充电机与高压配电盒（也称高压控制盒、PDU）相连，同时车载充电机输入电源 12V+ 和 12V−，连接确认信号、充电唤醒信号，CAN-H、CAN-L 等与整车控制器、动力电池等相连，整车控制器通过充电唤醒、充电指示、CAN-H、CAN-L 等信号与仪表相连。

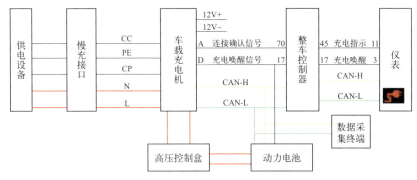

图 8-6　车辆交流充电连接详细接线示意图

图 8-7 为车辆交流充电连接端子图，端子定义：CP 为控制导引，CC 为充电连接确认（CP 与 CC 共称握手信号）；N、L 为交流电源；PE 为保护接地。

图 8-8 所示为车辆交流充电连接（充电模式 B）。充电插头跟车辆交流插座连接后，充电时车辆处于不可行驶状态。供电控制装置通过测量检测点 1 或检测点 4（充电模式 B）判断供电插头和插座是否完全连接。车辆控制装置测量检测点 3 与

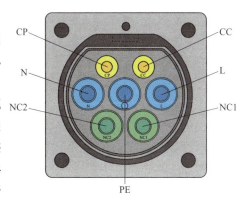

图 8-7　车辆交流充电连接端子图

PE之间的电阻值来判断车辆插头与插座连接关系。

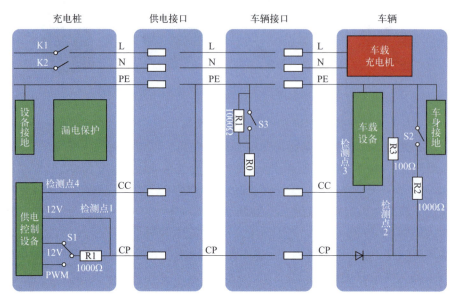

图 8-8　车辆交流充电连接（充电模式 B）

8.2 新能源汽车慢充故障及诊断案例分析

图 8-9 为检查充电枪 CC 与 PE 之间电阻示意图，下面对 S3 打开、闭合分别进行说明。

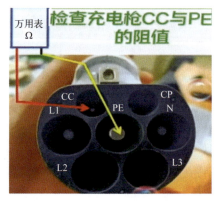

图 8-9　检查充电枪 CC 与 PE 之间电阻示意图

图 8-10 所示为 S3 处于闭合状态（充电模式 B）。未连接时，S3 处于闭合状态，CC 未连接，CC（检测点 3）与 PE 之间电阻值为 R_C。

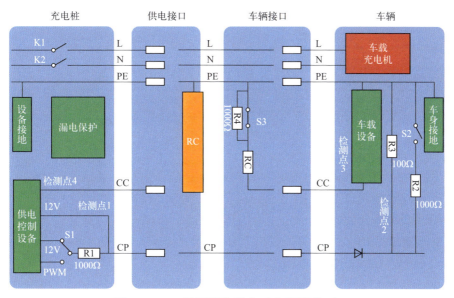

图 8-10　S3 处于闭合状态（充电模式 B）

图 8-11 所示为 S3 处于断开状态（充电模式 B）。半连接时，S3 处于断开状态，CC 已连接，CC（检测点 3）与 PE 之间电阻值为 R_C+R_4。

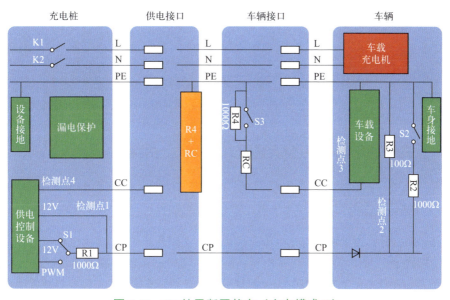

图 8-11　S3 处于断开状态（充电模式 B）

注意事项：旧国标中 CC 与 PE 之间的电阻 R_C 应是固定值（表 8-2），如果测量电阻异常，说明车载充电器内部二极管可能损坏。

表 8-2　旧国标中 CC 与 PE 之间的电阻 R_C 参考表

充电枪（充电器）功率	CC 与 PE 之间的电阻值
3.3kW 及以下	680Ω
7kW	220Ω
40kW	100Ω
VTOL（预留）	2kΩ
VTOV（预留）	100Ω

图 8-12 所示为车辆交流充电中车辆控制装置闭合开关 S1 切换（充电模式 B）。确认充电连接装置是否已完全连接，由车辆控制装置端通过检测点 4 来完成。如供电设备无故障且供电接口完全连接，则开关 S1 从 12V+ 端切换至 PWM 端。供电控制装置根据充电功率大小，发出不同占空比的 PWM 信号给车辆，车辆测量检测点 2 的 PWM 占空比来判断功率。

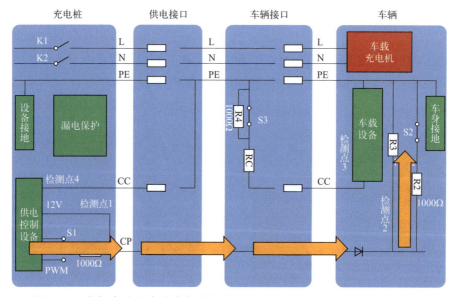

图 8-12　车辆交流充电中车辆控制装置闭合开关 S1 切换（充电模式 B）

图 8-13 所示为车辆交流充电中车辆控制装置闭合开关 S1 切换过程中电压测量（充电模式 B）。当电动汽车与供电设备建立连接后，车辆控制装置端通过检测点 4 来完成电压测量。如供电设备无故障且供电接口完全连接，则车辆控制装置闭合开关 S1 从 12V+ 端切换至 PWM 端，此过程中可以用万用表的电压挡来检测 12V+、

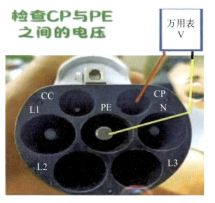

图 8-13　车辆交流充电中车辆控制装置闭合开关 S1 切换过程中电压测量
（充电模式 B）

PWM 等信号，当然也可以用示波器等工具来检测。

PWM 的占空比和充电电流的关系如表 8-3 所示。

表 8-3　PWM 的占空比和充电电流关系

PWM 占空比 D	最大充电电流 I_{max}
$D < 3\%$	不允许充电
$3\% \leqslant D \leqslant 7\%$	5% 的占空比表示需要数字通信，且通信需在充电前在充电桩和电动汽车之间建立。没有数字通信时不允许充电
$7\% < D < 8\%$	不允许充电
$8\% \leqslant D < 10\%$	$I_{max}=6A$
$10\% \leqslant D \leqslant 85\%$	$I_{max}=(D \times 100) \times 0.6$（A）
$85\% < D \leqslant 90\%$	$I_{max}=(D \times 100 - 64) \times 2.5$（A）且 $I_{max} \leqslant 63A$
$90\% < D \leqslant 97\%$	预留
$D > 97\%$	不允许充电

图 8-14 所示为车辆交流充电连接完全正常，K1、K2 闭合的情况（充电模式 B）。供电控制装置通过测量检测点 1 电压判断车辆是否准备就绪。当电压符合工作值时，供电控制设备闭合 K1、K2，使交流电路导通。

注意事项：以上充电连接完全完成时，如果车辆还充不上电，则车载充电机坏的可能性比较高。这是因为车载充电机的国家标准要求不如三电高，容易故障。车载充电机与高压配电盒之间连接、高压配电盒与动力电池之间连接都需要四类信号（低压电源、CAN-H 与 CAN-L 通信、握手信号、高压电源），缺少任意一个都将导致充电工作无法完成，可以直接测量车载充电机与高压配电盒等连接线路来进行检测。

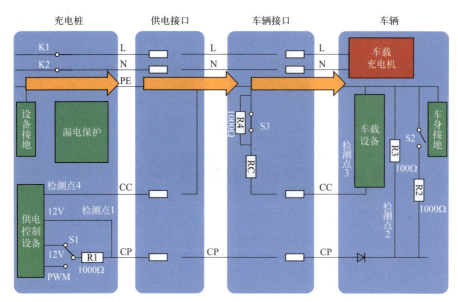

图 8-14 车辆交流充电连接完全正常，K1、K2 闭合（充电模式 B）

交流慢充系统充电条件：

① CC、CP 信号连接正常。

② 车载充电机（OBC）220V AC 供电电源正常，OBC 常电源正常，OBC 工作正常。

③ OBC 唤醒信号正常。

④ 车辆端 VCU、组合仪表、车载终端、BMS 通信正常，正负接触器正常。

⑤ 动力电池包温度大于 0℃，小于 45℃。

⑥ 动力电池包最高单体电池电压与最低电池电压压差小于 300mV。

⑦ 动力电池包最高温度点与最低温度点温差小于 15℃。

⑧ 车辆绝缘电阻的电阻值大于 500Ω/V。

⑨ 实际最高单体电压不大于单体电池额定电压 400mV。

⑩ 高低压线路连接正常，远程预约充电开关关闭。

8.3 新能源汽车快充标准及接口

图 8-15 为车辆直流充电连接示意图。非车载充电机（也叫直流充电机、直流充电柜等）主要由电源主电路［AC/DC 变换器、电感、DC/DC 变换器、K1、K2、

DC+、DC−、辅助电源以及 K3、K4（A+、A−，即电源 12V+、12V−）] 以及非车载充电机控制器 [输出 S+、S−（即 CAN-H、CAN-L），还有 CC1] 等组成。车辆的接口信号可以分为四类，即低压电源、CAN-H 与 CAN-L 通信、握手信号、高压电源，这一点与交流车载充电机输出的四类信号完全一致。

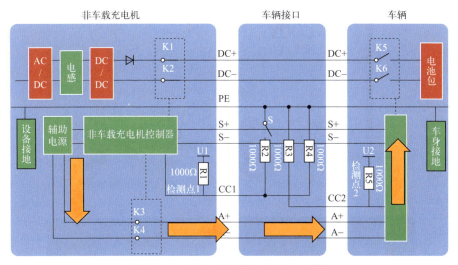

图 8-15　车辆直流充电连接示意图

车辆接口主要完成四类信号的转接（开关 S、R_2、R_3、R_4、握手信号 CC1、握手信号 CC2 与车辆进行握手连接），同时左边与非车载充电机连接，右边与车辆连接，给车辆输出四类信号。

K5、K6 把 DC+、DC− 切换到电池包，S+、S− 即 CAN-H 与 CAN-L 通信，A+、A− 即电源 12V+、12V−，CC2 与车辆进行握手连接，实现车辆输出四类信号，即低压电源、CAN-H 与 CAN-L 通信、握手信号、高压电源。

图 8-16 为车辆直流充电连接端子示意图，包括 DC−（高压直流电源负极）、DC+（高压直流电源正极）、PE（接地）、A−（低压辅助电源负极）、A+（低压辅助电源正极）、CC1（充电连接确认）、CC2（充电连接确认）、S+（充电通信 CAN-H）、S−（充电通信 CAN-L）。

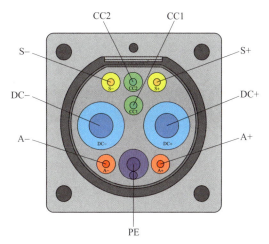

图 8-16　车辆直流充电连接端子示意图

图 8-17（a）为车辆直流高压 800V 快充与 800V 电站连接示意图，车辆直流高压 800V 快充与 800V 电站直接连接即可。图 8-17（b）为车辆直流高压 800V 快充与 400V 电站连接示意图，需要在车辆上加装 400V 提升到 800V 的高压升压装置，以适应车辆 800V 的电池平台。

(a) 800V电站

(b) 400V电站

图 8-17　车辆直流高压 800V 快充与电站连接示意图

8.4　新能源汽车快充故障及诊断案例分析

图 8-18 为车辆直流充电连接开关 S 闭合示意图，充电插头跟车辆的直流插座连接后，S 开关闭合。非车载充电机 U1 电源通过 1kΩ R_1 电阻、1kΩ R_2 电阻（设备接地）串联分压，检测点 1 检测到 U1 的一半电压来判断车辆接口连接是否正常。S 断开时，非车载充电机 U1 电源通过 1kΩ R_1 电阻上拉，根据检测点 1 电压来判断车辆接口连接是否正常。

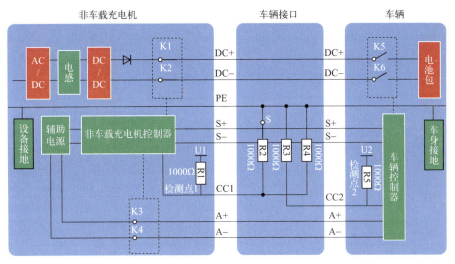

图 8-18 车辆直流充电连接开关 S 闭合示意图

图 8-19 为车辆直流充电端子插入车辆连接开关 S 闭合检测点 1、检测点 2 示意图。非车载充电机 U1 电源通过 1kΩ R_1 电阻、1kΩ R_2 电阻（设备接地）串联分压，检测点 1 检测到 U1 的一半电压来判断车辆接口是正常连接，图中检测点 1 电压为 4V 左右；车辆端 U2 电源通过 1kΩ R_5 电阻、车辆充电插头接口 1kΩ R_3 电阻（设备接地）串联分压，检测点 5 检测到 U2 的一半电压来判断车辆接口是否正常连接，图中检测点 2 电压为 6V 左右。如果以上检测不正常，则说明出现故障，需要进一步判断故障点。表 8-4 为直流快充端子连接关系参数数值参考表。

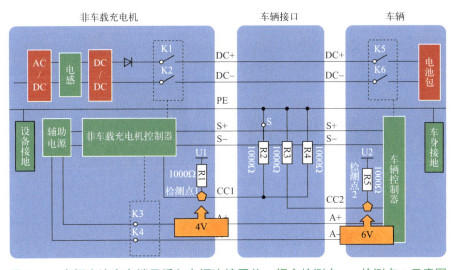

图 8-19 车辆直流充电端子插入车辆连接开关 S 闭合检测点 1、检测点 2 示意图

表 8-4 直流快充端子连接关系参数数值参考表

对象	参数	符号	单位	标称值	最大值	最小值
非车载充电机	R_1 等效电阻	R1	Ω	1000	1030	970
	上拉电压	U1	V	12	12.6	11.4
	测试点 1 电压	U1a	V	12	12.8	11.2
		U1b	V	6	6.8	5.2
		U1c	V	4	4.8	3.2
车辆插头	R_2 等效电阻	R2	Ω	1000	1030	970
	R_3 等效电阻	R3	Ω	1000	1030	970
车辆插座	R_4 等效电阻	R4	Ω	1000	1030	970
电动汽车	R_5 等效电阻	R5	Ω	1000	1030	970
	上拉电压	U2*	V	12	12.6	11.4
	测试点 2 电压	U2a*	V	12	12.8	11.2
		U2b*	V	6	6.8	5.2

注：* 代表车辆厂家可自定义。

图 8-20 为车辆直流充电线束示意图，连接车辆的接口四类信号为：低压电源 A+、A−、S+、S−（即 CAN-H 与 CAN-L 通信，握手信号 CC2，高压电源正、负极）。

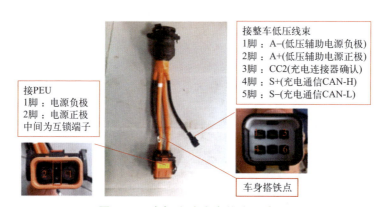

图 8-20 车辆直流充电线束示意图

第 9 章

新能源汽车 ADAS 系统传感器

 9.1 视觉传感器基本概念、分类与结构原理

1）基本概念

视觉是一个生理学词汇。当光作用于视觉器官时，使其感受细胞兴奋，感应到的信息经视觉神经系统加工后便产生视觉。人和动物通过视觉能够感知外界物体的大小、明暗、颜色、动态，获得对机体生存具有重要意义的各种信息。据统计，对于人和动物来说，至少有 80% 的外界信息是经视觉获得，视觉是人和动物最重要的感觉之一。

视觉传感器俗称摄像头，是指利用光学元件和成像装置获取外部环境图像信息的仪器。通常用图像分辨率来描述视觉传感器的性能。视觉传感器的精度与分辨率、被测物体的检测距离相关，距离被测物体越远，其绝对的位置精度越差。

车载视觉传感器用来模拟人的视觉系统，通过对采集的图片或视频进行处理获得相应场景的三维信息，以此来理解外界的环境和控制车辆自身的运动。车辆上安装视觉传感器的目的是用摄像头代替人眼，解决物体的识别、形状与方位确认、运动轨迹判断三大问题。

在行车过程中驾驶员获取的绝大部分信息，如路面状况、交通标志（标线）、交通灯信号、障碍物等均来自视觉。通过视觉传感器感知路面环境，基于视觉技术的用于交通标志检测、道路检测、行人检测和障碍物检测的车辆驾驶辅助系统能够降低驾驶员劳动强度，提高行驶安全性。驾驶辅助系统在为驾驶员提供决策建议的过程中，使用了大量的视觉信息数据，视觉传感器具有其他传感器无法比拟的优势。车载摄像头对于智能驾驶功能必不可少，是实现 ADAS（高级驾驶辅助系统）预警、识别类功能的基础。

车载摄像头对可靠性的要求非常高。与普通摄像头监控系统不同，车载摄像头的工作时间长，且运行环境经常处于高频振动状态，因此车载摄像头的性能测试也非常严格。密封性测试通常需要在水中浸泡数天，温度测试通常持续 1000 小时，还包括从 −40℃ 至 80℃ 的迅速跳转。除此之外，汽车摄像头大多还具备夜视功能以保证夜间可以正常使用。

前视摄像头使用频率最高。通过算法开发优化，单一前视摄像头可以实现多重功能，如行车记录、车道偏离预警、前向碰撞预警、行人识别等。前视摄像头一般为广角镜头，安装在车内后视镜上或者前挡风玻璃上较高的位置，以实现较远的有效距离。全景泊车系统在车身周围布有多个摄像头，通过安装在车身周围的多个摄像头采集车辆四周的影像，经过图像处理单元校正和拼接之后，形成全景俯视图，实时传送至中控台的显示设备上。驾驶员坐在车内以"上帝视角"非常直观地看到车辆所处的位置以及周边的障碍物，这可以辅助驾驶员泊车入位或通过复杂路面，能够有效减少车辆剐蹭、碰撞事故的发生。

2）分类

车载视觉传感器常用的分类方式可按照芯片类型和镜头数目进行划分。

（1）按芯片类型分类

① CCD。CCD 是指电荷耦合器件，是一种用电荷量表示信号大小、用耦合方式传输信号的探测元件。它是一种特殊半导体器件，上面有很多一样的感光元件，每个感光元件叫一个像素。CCD 在摄像机里类似于人的眼睛，起到将光线转换成电信号的作用，是一个极其重要的部件，其性能的好坏直接影响到摄像机的成像质量。CCD 广泛应用于数码摄影、天文学等领域，尤其是应用于光学遥测技术、光学与频谱望远镜和高速摄影技术。CCD 如图 9-1 所示。

② CMOS 传感器。互补金属氧化物半导体（CMOS）是一种大规模应用于集成电路芯片制造的原料，和 CCD 一样，同为在扫描仪中可记录光线变化的半导体，如图 9-2 所示。CMOS 感光器件将接收到的外界光线转换为电能，再通过芯片上的模数转换器将获得的影像信号转变为数字信号输出。CMOS 的制造技术和一般

计算机芯片没什么差别，主要是利用硅和锗这两种元素所做成的半导体，使其在 CMOS 上共存着 N 型（带负电）和 P 型（带正电）的半导体，二者互补效应所产生的电流即可被处理芯片记录和解读成影像。

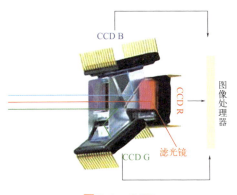

图 9-1　CCD

图 9-2　CMOS 传感器

CCD 和 CMOS 传感器是当前普遍采用的图像传感器，两者都是利用感光二极管进行光电转换，把图像转换成数字信号，主要差异是数字数据的传输方式不同。在 CCD 传感器中，每一行的每一个像素的电荷数据都是依次传送到下一个像素中，从最底部输出，再经过传感器边缘的放大器放大输出。而在 CMOS 传感器中，当数据的传送距离较长时会产生噪声，因此需要先放大信号，然后再整合各个像素的数据。在每一个像素旁都接有一个放大器及 A/D 转换电路，用类似于内存电路的方式输出数据。

（2）按镜头数目分类

① 单目摄像头。单目视觉技术，即安装单个摄像机（即单目摄像头）进行图像采集，一般只能获取到二维图像，如图 9-3 所示。单目视觉技术广泛应用于智能

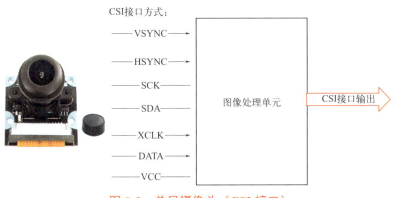

图 9-3　单目摄像头（CSI 接口）

机器人领域。然而，由于该技术受限于较低图像精度以及数据稳定性的问题，因此，需要和超声波、红外线等其他类型的传感器协同工作。

② 双目摄像头。双目视觉技术，是一种模拟人类双眼处理环境信息的方式，通过两个摄像机（即双目摄像头）从外界采集一幅或者多幅不同视角的图像，从而建立被测物体的三维坐标，如图9-4（a）所示。双目视觉技术方向大致分为机械臂视觉控制、移动机器人视觉控制、无人机/无人船视觉控制等。

③ 三目摄像头。三目摄像头除了包含单目摄像头功能，还加上了一个长焦摄像头（负责远距离探测）和一个鱼眼摄像头（负责增强近距离的探测能力），使视野更为广阔。特斯拉电动汽车采用的三目摄像头模块包含：一个视角120°的广角摄像头，用于监测车辆周围环境，探测距离60m左右；一个视角50°的中距摄像头，探测距离150m左右；一个视角35°的远距摄像头，探测距离250m左右，如图9-4（b）所示。

(a) 双目摄像头　　　　　　　　(b) 特斯拉三目摄像头

图 9-4　双目摄像头与三目摄像头

3）结构与原理

（1）基本结构

视觉传感器主要由光源、镜头、图像传感器、模数转换器、图像处理器、图像存储器等组成，其主要功能是获取足够的机器视觉系统要处理的原始图像。基本结构如图9-5所示。

① 光源。我们把能够自行发光且正在发光的物体叫作光源。如太阳、打开的电灯、燃烧的蜡烛等都是光源。

② 镜头。镜头是视觉传感器的关键部件，它的质量好坏直接影响着摄像头的性能指标。镜头相当于人眼的晶状体，如果没有晶状体，人眼看不到任何物体。如果没有镜头，那么摄像头所输出的图像就是白茫茫的一片，没有清晰的图像。

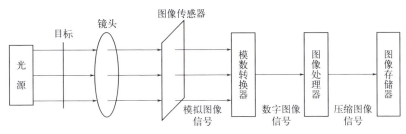

图 9-5 视觉传感器基本结构

③ 图像传感器。图像传感器通常使用 CCD 或 CMOS 技术将光转换为电气信号。图像传感器的任务，本质上就是采集光源并将其转换为平衡噪声、灵敏度和动态范围的数字图像。图像是像素的集合，暗光产生暗像素，亮光产生较亮的像素。图像传感器能够确保摄像头具有正确的分辨率以适合应用，分辨率越高，图像细节越高，测量准确度越高。

④ 模数转换器。模数转换器即通常所说的 A/D 转换器，是将模拟信号转变为数字信号的电子元件，能够把输入的电压信号转换为输出的数字信号。

⑤ 图像处理器。图像处理器是一个进行分类、合成等处理的软件。它通过取样和量化过程将一个以自然形式存在的图像变换为适合计算机处理的数字形式，包括进行图片直方图、灰度图等的处理。图片修复，即指通过图像增强或复原来改进图片的质量。

⑥ 图像存储器。数字图像文件存储方式主要有位映射图像、光栅图像以及矢量图像等。

（2）工作原理

车载视觉系统是能够让汽车具备视觉感知功能的系统，利用视觉传感器获取周边环境的图像，并通过视觉处理器进行图像的分析和理解，进而转换为相应的定义符号，使汽车能够辨识并确认物体位置及各种状态。被拍摄的物体经过视觉传感器的镜头聚焦到视觉传感器上面。视觉传感器由多个 X-Y 纵横排列的像素点组成，每个像素点都由一个光电二极管及相关电路组成。光电二极管将拍摄到的光线转变成对应的电荷，在相关电路的控制下逐点输出，经放大、A/D 转换，然后形成数字视频信号输出，最后通过显示屏还原后，就可以得到和拍摄场景一样的图像了。视觉传感器的工作原理如图 9-6 所示。

（3）产品参数

视觉传感器有分辨率和有效像素这两个非常重要的参数。

分辨率代表着图像是否能够清晰地呈现，在一定程度上决定着图像的品质。分辨率的高低取决于相机中图像传感器芯片像素多少，其像素越多，则相机的分

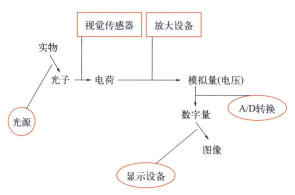

图 9-6 视觉传感器的工作原理

辨率就会越高。分辨率的大小决定着所拍摄图像的清晰度，摄像头分辨率越高，成像后对细节的展示就越明显。

像素是构成数码影像的基本单元，通常以 PPI（像素每英寸）为单位来表示影像分辨率的大小。例如 300×300PPI 分辨率，即表示水平方向与垂直方向上每英寸长度上的像素数都是 300，也可表示为 1 平方英寸内有 9 万（300×300）像素。有效像素与最大像素不同。有效像素数是指真正参与感光成像的像素值。最大像素的数值是感光器件的真实像素数，这个数据通常包含了感光器件的非成像部分，而有效像素数是在镜头变焦倍率下所换算出来的值。数码图片的储存一般以像素为单位，像素是数码图片里面积最小的单位。像素的个数越多，图片的面积越大。要增加一个图片的面积，如果没有更多的光进入感光器件，唯一的办法就是把单个像素的面积增大，而不去改变像素的个数。

车载摄像头模组机械强度和耐高温性是其中决定性的标准，主要有以下四个特点：

① 能够抑制较低光照度对拍摄的影响，要求即使是在晚上也必须能很容易地捕捉到影像。

② 车载摄像头模块需要具备广角以及影像周边部位高分辨率的性能，水平视角通常为 25°～135°。

③ 车载摄像头模块要具有良好的散热性，可抑制电磁干扰，图像形状的热稳定性好。为了保证工作可靠性，车载摄像头模块通常不使用树脂，而使用铝合金压铸品。

④ 用于驾驶辅助系统的摄像头是关乎行车安全的重要组件，在供电系统暂时断电的情况下仍需可靠地工作，因此，车载摄像头模块通常会设有备用电源模块，以满足系统需求。

9.2 视觉传感器安装与标定

（1）视觉传感器安装

摄像头是推动自动驾驶汽车发展的关键传感器之一。随着新应用功能不断涌现，车载摄像头的数量也在迅速增加。此外，随着摄像头的应用从保有量较低的高档汽车转向更大的主流汽车市场，摄像头的采用率持续上升，车载摄像头的应用范围也越来越广。如可防"碰瓷"的行车记录仪、弥补后视镜盲区的变道辅助摄像头、用于车道保持的前视摄像头、用于驻车辅助的环视摄像头等，归纳起来可分为前视、后视、环视以及车内监控四种。车载摄像头应用功能见表9-1。不同车型的车载摄像头安装位置和数量有所区别，如特斯拉的辅助驾驶Autopilot2.0车型中就有8个车载摄像头，其中前视摄像头有3个，它们分别具有不同的视场角和拍摄距离。

表 9-1　车载摄像头应用功能

ADAS 功能	摄像头位置	实现功能
车道偏离预警	前视	当检测到车辆即将偏离行车道时发出警告
盲点监测	侧视	利用侧视摄像头将后视镜盲区的影像显示在驾驶舱内
泊车辅助	后视	利用后视摄像头将车尾影像显示在驾驶舱内
全景泊车	前视、侧视、后视	利用图像拼接技术将摄像头采集到的影像组合成车辆周边的全景图
驾驶员检测	内置	利用内置摄像头检测驾驶员是否疲劳、闭眼等
行人碰撞预警	前视	当检测到可能与前方行人发生碰撞时发出警告
车道保持辅助	前视	当检测到车辆即将偏离行车道时由车辆控制器纠正行驶路线
交通标志识别	前视、侧视	识别车辆前方和两侧的交通标志
前向碰撞预警	前视	当检测到与前车距离过近时发出警告

为了帮助驾驶员更为直观、安全地停泊车辆，很多车型配备了全景环视系统，也称作360°全景环视系统，它是倒车影像系统的升级换代产品。全景环视系统通过车载显示屏幕显示车辆四周360°的场景，超宽视角、无缝拼接的实时图像信息（鸟瞰图像），让驾驶员准确地了解车辆周边情况。该系统在车身周围布置了4个广角摄像头，如图9-7所示。

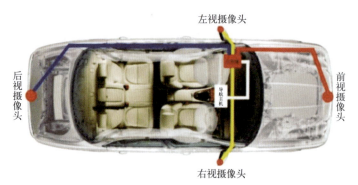

图 9-7　全景环视系统摄像头分布

不同品牌车型的全景环视系统控制电路也不相同，典型的全景环视系统安装接线示意图如图 9-8 所示。

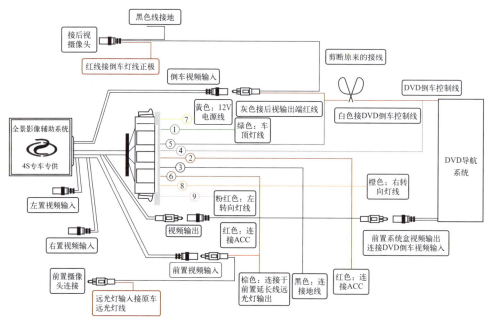

图 9-8　全景环视系统安装接线示意图

（2）视觉传感器标定

摄像头的透镜由于制造精度及组装工艺的偏差会出现畸变，从而导致原始图像失真。镜头的畸变分为径向畸变和切向畸变两类，如图 9-9 所示。径向畸变就是沿着透镜半径方向分布的畸变，主要是由透镜本身制造误差造成的。切向畸变是由于透镜本身与相机传感器平面（成像平面）或图像平面不平行而产生的，这种情况多是由透镜被粘贴到镜头模组上的安装偏差导致的。

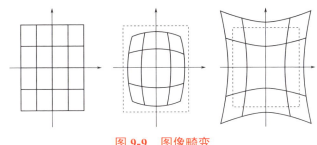

图 9-9　图像畸变

为了使摄像头拍摄到的图像与现实世界中的场景一致，需要按照一定的方式进行标定。视觉传感器标定是通过图像与现实世界的转换关系，找出其定量的联系，从而实现图像的数据与真实世界相一致。在图像测量过程及机器视觉应用中，为了确定空间物体表面某点的三维几何位置与其在图像中对应点之间的相互关系，需要建立摄像头成像的几何模型，这个几何模型的参数就是摄像头的参数。在大多数条件下这些参数必须通过实验与计算才能得到，这个求解参数的过程称为摄像头标定或相机标定。

在标定视觉传感器时用到的基本工具是标定板。标定板是一个带有固定间距图案阵列的平板，如图 9-10 所示。摄像头通过拍摄标定板，经过标定算法的计算，可以得出相机的几何模型，从而得到高精度的测量和重建结果。这种方法广泛应用于机器视觉、图像测量、摄影测量、三维重建等领域的镜头畸变校正。

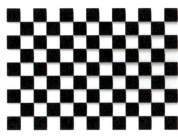

图 9-10　视觉传感器标定板

9.3　毫米波雷达基本概念与结构原理

1）基本概念

（1）电磁波

根据麦克斯韦的电磁场理论，变化的电场产生变化的磁场，而变化的磁场又产生变化的电场，因此，变化的电场和变化的磁场彼此不是孤立存在的，它们之间相互激发、相互依赖、交替产生，组成一个统一的电磁场整体，并以一定的速度由近及远地在空间传播出去，这样就产生了电磁波。

电磁波的种类有很多。无线电波、红外线、可见光、紫外线、X 射线、γ 射线都是电磁波，这些不同的电磁波的区别只在于波长不同而已，如图 9-11 所示。

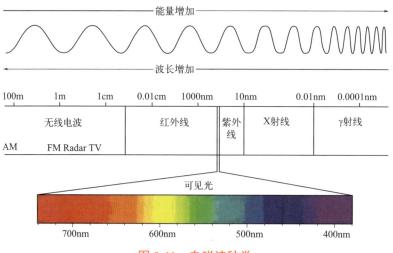

图 9-11　电磁波种类

在它们当中，无线电波的波长最长。在一根导线中通入交变电流，在这个导线周围就会产生一个环形磁场，而变化的磁场又马上产生了一个与环形磁场垂直的环形电场，如此一环套一环地循环，每两个相邻环之间都是彼此垂直的关系。我们将磁场的振荡方向设定为 x 轴，电场的振荡方向便是与 x 轴垂直的 y 轴，而电磁波的行进方向便是 z 轴，如此一来，便确立了一个关于电磁波的三维坐标系，如图 9-12 所示。

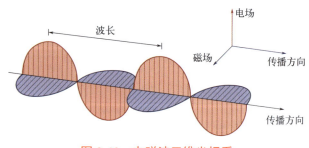

图 9-12　电磁波三维坐标系

电磁波不需要依靠介质传送，各种电磁波在真空中传输速度是固定的，速度为光速。在电磁波的每一个波长范围内，表示电场方向的箭头上下振荡一次，或者说振荡一个周期。当电磁波传播到一根金属导线附近时，金属导线内的电子将受到一个与电磁波中的电场同方向的作用力，从而在导线中产生电流。在电磁波通过期间，电磁波中的电场振荡将在导线中产生同样大小和方向的振荡电流。也就是说，电磁波携带着能量，能够将它的能量传递给电子，变成电子的动能。无线广播系统就利用了电磁波能够远距离地传送声音、文字、图像等信息这一原理。

电磁波在传播中携带能量，可以作为信息载体，这就为无线通信、广播、电视、遥感等技术提供了基础。电磁波在通过不同的介质时，也会发生折射、反射、衍射、散射和吸收等现象。电磁波的波长越长，频率越低，衍射能力越强，穿透能力越强，信号衰减越小，传输距离越远，越能够实现信号的广覆盖。电磁波的波长越短，频率越高，直射能力越强，贯穿能力越强，信号衰减越大，传输距离越短，杀伤力越强，可实现信号的局域覆盖。由于微波频率很高，所以在不大的相对带宽下，其可用的频带很宽，意味着微波的信息容量大，所以现代多路通信系统（包括卫星通信系统）几乎无一例外都工作在微波波段。另外，微波信号还可以提供相位信息、极化信息、多普勒频率信息，这在目标检测与遥感目标特征分析等应用中十分重要。

（2）雷达

GB/T 3784—2009 的定义：雷达是指利用电磁波发现目标并获取目标位置等信息的装置。

毫米波雷达是指工作频段在 30～300GHz，波长为 1～10mm 的雷达。毫米波雷达是一种测量物体距离、速度、方位的高精度传感器，早期被应用于军事领域。随着雷达技术的发展与进步，其开始应用于汽车电子、无人驾驶、智能交通等多个领域。毫米波雷达具有探测距离远、响应速度快、适应能力强等特点，其探测距离可达 250m 以上，并且调制简单，配合高速信号处理系统，可以快速地测量出目标的距离、速度、角度等信息。毫米波雷达与其他雷达相比，穿透能力比较强，在雨、雪、大雾等恶劣天气下也能进行工作，同时不会受颜色、温度、光照度等因素的影响，具有全天候的特点。毫米波具有波束的特征，发射出去的电磁波是一个锥状波束，而不像激光那样是一条线。这是因为毫米波波段的天线主要以电磁辐射的方式发出信号。雷达和超声波都采用波束发射的方式，因为反射面大，所以工作可靠；缺点就是分辨率不高。

毫米波雷达按所采用的毫米波频段不同，主要分为 24GHz、60GHz、77GHz 和 79GHz 四个频段，主流采用的频段为 24GHz 和 77GHz，79GHz 有可能是未来的发展趋势。它按探测距离可分为：近程雷达（SRR），探测距离小于 60m；中程雷达（MRR），探测距离在 100m 左右；远程雷达（LRR），探测距离大于 200m。毫米波雷达常用技术指标见表 9-2。它按工作方式分为脉冲式和调频式两类。脉冲雷达发射的是矩形脉冲连续波信号，主要用来测量目标的速度。如需要同时测量目标的距离，则需对雷达发射信号进行调制，例如对连续波的正弦波信号进行周期性的频率调制。目前大多数车载毫米波雷达都为调频式。

表 9-2　毫米波雷达技术指标

参数	短程毫米波雷达	中程毫米波雷达	远程毫米波雷达
频率 /GHz	24	76～77	77～81
测距范围 /m	0.15～60	1～100	10～250
最大视角 /(°)	±80	±40	±15
测距精度 /m	±0.02	±0.1	±0.1
方位精度 /(°)	±1	±0.5	±0.1
测速精度 /(m/s)	0.1	0.1	0.1

车载探测雷达作为驾驶员高级辅助驾驶系统的核心传感器，主要用来检测距离、速度等信息。其中，远程雷达（LRR）用来实现车辆的自动巡航（ACC）功能，中程雷达（MRR）用来实现车辆的侧向来车报警和车辆变道辅助功能，近程雷达（SRR）则用来实现车辆的停车辅助、障碍和行人检测功能。

毫米波雷达作为智能网联汽车环境感知传感器中的重要一员，车载应用的历史比较久远。车辆为实现 ADAS 各项功能通常需要"1 长 +4 中短"的组合方案，目前众多车企已在其中高端车型上配置了毫米波雷达。随着无人驾驶技术的进一步推广和应用，毫米波雷达的应用也会越来越广泛。

2）结构与原理

（1）基本结构

毫米波雷达主要由信号发射器、信号接收器、信号处理器以及天线阵列等部件组成，如图 9-13 所示。

图 9-13　毫米波雷达结构

① 信号发射器。毫米波雷达的信号发射器用于生成射频电信号。

② 信号接收器。毫米波雷达的信号接收器将接收到的射频信号转换成低频电信号。

③ 信号处理器。毫米波雷达的信号处理器负责从接收到的信号中提取出距离、角度、速度等信息。

④ 天线阵列。在车载雷达中比较常见的是平面天线阵列雷达。相比其他大型雷达的天线，平面天线阵列雷达没有旋转的机械部件，从而能保证更小的体积和更低的成本。毫米波雷达天线集成在 PCB 基板上实现天线的功能，在较小的集成空间中保持天线足够的信号强度。平面天线阵列是由多个天线组成的，如图 9-14 所示。图中从左至右

图 9-14　平面天线阵列

分别是 10 条发射天线 TX1，然后是 2 条发射天线 TX2，最后是 4 条接收天线 RX1～RX4。

毫米波雷达的天线包括发射天线和接收天线两部分。两组发射天线分别负责探测近处和远处的目标，其覆盖范围如图 9-15 所示。TX1 为横向距离发射探测天线，TX2 为纵向距离发射探测天线。由于近处的视角比较大（大概有 90°），所以需要较多的天线；而远处的

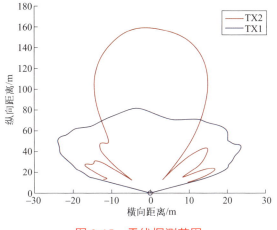

图 9-15　天线探测范围

视角小（大概只有 20°），所以两根天线就够了。雷达通过天线发射和接收电磁波，所发射的电磁波不是各个方向均匀的球面波，而是具有指向性的波束，且在各方向上具有不同的强度。

（2）工作原理

毫米波雷达的工作原理是通过天线向外发射毫米波，接收机接收目标反射信号，经信号处理器处理后快速准确地获取汽车周围的环境信息（如车辆与其他物体之间的相对距离、相对速度、角度、行驶方向等），然后根据所探知的物体信息进行目标追踪和识别，融合车身动态信息，通过中央处理单元进行处理，经运算决策后，通过报警装置以声、光及触觉等多种方式告知驾驶员，或通过控制执行装置及时对车辆做出主动干预，从而保证车辆行驶的安全性和舒适性，减少事故发生。其工作过程如图 9-16 所示。

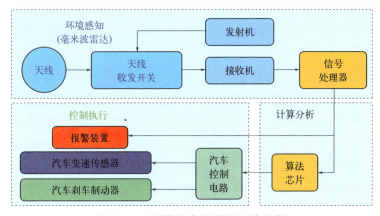

图 9-16　车载毫米波雷达工作过程

9.4 毫米波雷达安装与测试

1）毫米波雷达安装

车载毫米波雷达通常安装在车辆前部的进气格栅或前后保险杠位置。雷达天线罩指向车辆行驶方向，线束插接件朝向下方。在理想情况下，雷达天线罩前方不要有额外的覆盖件或经过喷涂的保险杠。如果雷达必须安装于覆盖件后面，需要特别注意覆盖件的材料、形状、涂料，以及与雷达的相对位置。覆盖件表面的水滴、水膜和积雪等杂物都有可能引起信号衰减或功能受限。覆盖件不应使用导电材料，不能阻碍毫米波雷达的电磁波发射。

原车的毫米波雷达会设有专用的安装支架，按照规定力矩安装即可。如果是后加装的毫米波雷达，则需要注意调整安装角度，如图9-17所示。在标定毫米波雷达的安装角度时通常使用双轴数显水平仪。

（1）近程毫米波雷达安装

近程毫米波雷达的探测距离通常小于60m，一般安装在车辆侧前方、侧后方，如图9-18所示。它主要用于车辆的侧方探测、预警、变道辅助等功能。

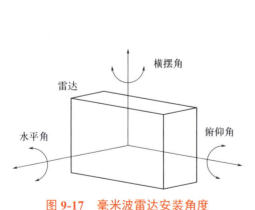

图9-17 毫米波雷达安装角度

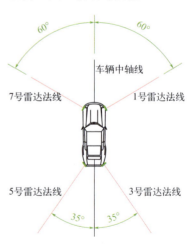

图9-18 近程毫米波雷达安装角度

（2）中、远程毫米波雷达安装

中、远程毫米波雷达主要用于自适应巡航控制系统（ACC）、自动紧急制动系统（AEB）、前碰撞预警系统（FCW）以及无人驾驶的前向探测，主流的安装位置都是在车辆的正前方，如图9-19所示。

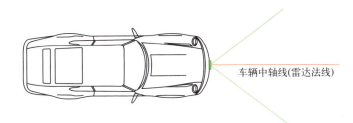

图 9-19　中、远程毫米波雷达安装角度

（3）安装高度调试

推荐的毫米波雷达安装高度 h：车辆满载时 $h \geqslant 500\text{mm}$，车辆空载时 $h \leqslant 1000\text{mm}$，如图 9-20 所示。

图 9-20　毫米波雷达安装高度

（4）毫米波雷达装配

① 在选购的毫米波雷达套件里面带有安装附件，如图 9-21 所示。

图 9-21　毫米波雷达附件

② 了解毫米波雷达插接件端子（引脚）及定义，如图 9-22 所示。

雷达端口接头8引脚定义	引脚	符号	颜色	功能
	1	VBAT	红	9~36V直流电源
	2	GND	黑	接地
	3	CAN0 L	黄	保留
	4	CAN0 H	绿	
	5	CAN1 L	蓝	雷达数据接口
	6	CAN1 H	橙	
	7	HSD OUT1	白	高边驱动输出口1
	8	HSD OUT2	褐	高边驱动输出口2

图 9-22　毫米波雷达插接件端子及定义

③毫米波雷达线路连接如图 9-23 所示。

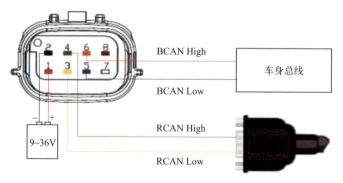

图 9-23　毫米波雷达线路连接

2）毫米波雷达测试

目前针对毫米波雷达的测试主要包括功能测试、关键性能测试以及使用性能测试。功能测试主要是通过障碍物模拟一个或多个汽车、非机动车辆及行人等，然后对雷达距离探测范围、距离探测精度、速度探测范围、速度探测精度、角度探测范围、角度探测精度等进行测试，得到雷达的功能测试结果。性能测试则是对雷达发射器、接收器等部件本身性能的测试，涉及发射信号频率、信号功率、发射功率、相位噪声、调频线性度等性能指标。使用性能测试是在实验场通过实际 ADAS 场景搭建进行最后的使用性确认。

3）毫米波雷达实车应用

毫米波雷达是 ADAS 环境感知系统的关键部件。在智能网联汽车高速发展的背景下，车载毫米波雷达将为自动驾驶技术的实现发挥重要作用，应用前景及市场空间都将非常广阔。

毫米波雷达广泛应用于智能网联汽车的自适应巡航系统、前车防撞预警系统、自动刹车辅助系统、盲区监测系统、自动泊车辅助系统、变道辅助系统、后碰撞预警系统、行人监测系统、驻车开门辅助系统等 ADAS 中。

9.5　新能源汽车 ADAS 系统标定设备简介

ADAS 系统定位如图 9-24 所示。

图 9-24　ADAS 系统定位示意图

图 9-25 为 ADAS 系统快速定位（左）、激光测距（右）对比示意图，支持水平、前后、左右多方位微调，无须烦琐移动设备，1 分钟即可对中平行。可控制横梁电动升降，同时支持手动调节，操作快速便捷。配备毫米级精度激光测距仪，无须使用卷尺测距。ADAS 系统快速定位、激光测距标定如图 9-26 所示。

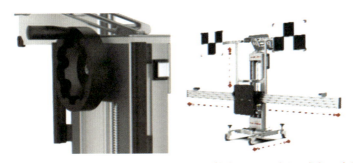

图 9-25　ADAS 系统快速定位（左）、激光测距（右）对比示意图

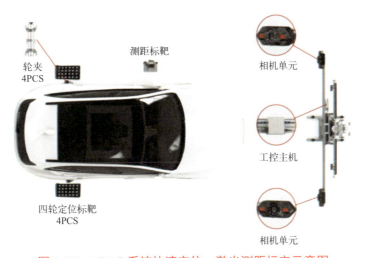

图 9-26　ADAS 系统快速定位、激光测距标定示意图

参考文献

[1] 吴成东.传统汽车应用域控制器与主干网技术路线探索[J].汽车电器,2021(3):43-45.
[2] 郭炎菊,查云飞,陈文强,等.智能汽车电子电气架构综述[J].汽车文摘,2021(8):19-24.
[3] 高丽,杨依楠.纯电动汽车整车控制器技术及发展[J].汽车实用技术,2021(6):20-22.
[4] 黎伟,喻晓勇,匡小军.浅析汽车电子架构发展与典型域控制器[J].时代汽车,2021(16):163-164.
[5] 刘佳熙,丁锋.面向未来汽车电子电气架构的域控制器平台[J].中国集成电路,2019(9):82-87.
[6] 裴黎.汽车安全系统中电子技术的应用研究[J].中国设备工程,2020(19):210-211.
[7] 程小珊.基于CAN-CANFD网络的网关实时性研究与分析[D].重庆:重庆邮电大学,2019.
[8] 刘宇,张义民,曹万科,等.车身CAN总线网络数据传输效率优化算法的研究[J].汽车工程,2006,31(7):620-623.
[9] 杨胜兵,唐亭,程千,等.图说智能汽车域控制器技术[M].北京:化学工业出版社,2023.
[10] 姚美红,杨胜兵.汽车构造[M].北京:机械工业出版社,2023.
[11] 华一丁,龚进峰,戎辉,等.基于模型的智能汽车电子电气架构发展综述[J].汽车零部件,2019(02).
[12] 高焕吉.汽车电子电气架构设计与优化[J].汽车电器,2011(06):7-9.
[13] 业华.先进汽车辅助驾驶系统(ADAS)发展现状及前景[J].内燃机与配件,2019(19):192-194.
[14] 徐洋.先进驾驶员辅助驾驶系统关键技术研究[D].重庆:重庆大学,2017.
[15] 杨立琦.ADAS路试数据回放系统的设计与实现[D].北京:北京交通大学,2016.
[16] Roman Pallierer, Brge Schmelz.适用于高性能车载计算平台的自适应AUTOSAR[J].汽车与配件,2019(03):43-45.
[17] 程增木,杨胜兵.智能网联汽车技术原理与应用[M].北京:机械工业出版社,2023.
[18] Sun B H, Deng W W, Wu J, et al. An Intention-aware and Online Driving Style Estimation Based Personalized Autonomous Driving Strategy[J]. International Journal of Automotive Technology, 2020, 21(6):1431-1446.
[19] 王建,徐国艳,陈竞凯,等.自动驾驶技术概论[M].北京:清华大学出版社,2019.
[20] Markus Oertel, Bastian Zimmer. More Performance with Autosar Adaptive[J]. ATZ Electronics Worldwide, 2019, 14(5):36-39.